한 번 배워 평생 써먹는 쉬운 레시피

참 간단한 밥상

조소영 지음

상상출판

About 참 간단한 밥상

쿠킹 스튜디오 꿀밥의 착한 요리책

쿠킹 스튜디오 꿀밥

김이 모락모락 나는 따끈한 밥 한 공기로 마음이 넉넉해지는 밥상, 살짝 허기가 져 잠이 깬 아침에 갓 지은 솥밥이 차려진 밥상, 밥투정하는 아이가 밥 달라고 아우성치게 만드는 엄마 아빠표 마술 밥상. 낯선 곳에서 우연히 만난 한 그릇의 소박한 음식이 선물해준 위로와 감동에 열광하는 사람들의 맛있는 이야기로 가득한 구어메이 커뮤니티입니다.

다양한 입맛과 스타일을 지닌 요리연구가, 셰프, 여행가, 바리스타, 소믈리에, 사진가, 목장 주인, 한의사, 북 디자이너, 주부 등 미식가이며 식탐가인 그들이 쿠킹 스튜디오 꿀밥을 통해 맛깔스럽게 잔칫상을 차려냅니다.
이번 잔칫상은 요리를 막 시작하는 이들을 위한 두루두루 활약하는 기본 요리입니다.

쉽고, 맛있게 '참 간단한 밥상'

지금까지 손에 물 한 방울 묻히지 않고 살아왔으나 가족을 위해 맛있고 건강한 밥상을 차려주고 싶거나 더 이상 사 먹는 밥으로 연명할 수 없어 드디어 내 손으로 만든 집밥을 먹겠다고 다짐한 1인 가구를 위한 맞춤 레시피북입니다.

친근하고 소박한 재료로 외식 부럽지 않으며 후다닥 차려 먹을 수 있는 매일 밥상과 마트에서 공수해온 식재료에 한두 가지 재료나 조리법을 달리해 맛있고 폼 나는 요리로 한 상 거하게 차릴 수 있는 손님 초대상, 한번 배워놓으면 평생 써먹을 수 있는 명절 밥상을 차렸습니다.

참 간단한 밥상 가이드

이 책의 레시피
보는 법

❶ 밥숟가락과 종이컵 계량법으로 계량하였습니다.
▶10쪽 참조

❷ 대체 식재료를 표기하여 반드시 그 재료가 없어도 집에 있는 다른 재료를 활용할 수 있어 요리의 폭이 넓어집니다.

❸ 요리를 만들면서 따라 하기 쉽도록 양념의 분량을 과정에서 다시 한번 소개하였습니다.

❹ 요리연구가가 터득한 노하우를 쿠킹 팁을 통해 공개합니다.

❺ 책을 보면서 따라 하기 쉽도록 각각의 재료를 세로로 나열하였습니다.

❻ 4개에서 6개를 넘지 않는 조리 과정으로 구성하였으며, 친절한 과정 사진이 모든 요리에 소개되어 누구나 쉽게 따라 할 수 있습니다.

Contents

About 참 간단한 밥상 쿠킹 스튜디오 꿀밥의 착한 요리책 **002**
참 간단한 밥상 가이드 이 책의 레시피 보는 법 **003**

Cooking Note

이 책의 계량법 1 밥숟가락&종이컵 계량법 **010**
이 책의 계량법 2 한눈에 보이는 계량법 **011**
요리의 기본 공식 재료 썰기의 정석 **012**
맛내기 공식 한번 익혀두면 평생 써먹는 기본 육수 내기 **014**
고수의 추천 도구 구입해도 후회하지 않는 유용한 조리도구 **016**
고수의 요리 비법 장만해두면 요긴하게 사용하는 요리 재료 **018**

Part 1 참 간단한 매일 밥상 50

Chapter 1 한 그릇 밥과 죽
마늘 달걀볶음밥 022
닭고기 달걀덮밥 023
해물 솥밥 024
홍합밥 025
연어구이덮밥 026
알밥 027
콩나물밥 028
취나물밥 029
오리엔탈 새우볶음밥 030
고추잡채덮밥 031
닭고기 우엉밥 032
베이컨 김치볶음밥 033
돈가스덮밥 034
제육덮밥 036
햄버그스테이크덮밥 037
쇠고기 채소 카레덮밥 038
쇠고기 채소죽 040
흑임자죽 041
잣죽 042
전복죽 043

Chapter 2 국과 찌개
콩나물국 044
달걀국 045
쇠고기 미역국 046
쇠고기 뭇국 047
황태 해장국 048
모시조갯국 049
아욱 된장국 050
담백한 된장국 051
오이 미역냉국 052
순두부찌개 053
시래기 들깨탕 054
알탕 055
육개장 056
바지락 강된장 058

Chapter 3 기본 밑반찬
오징어포무침 060
오이지무침 061
가지 들깨무침 062
꼬막무침 063
애호박볶음 064
마른 새우 마늘종볶음 065
멸치 호두볶음 066
두부조림 067
쇠고기 장조림 068
고등어 무조림 069
우엉조림 070
콩자반 071
무생채 072
깻잎찜 073
북어구이 074
뱅어포구이 075

Part 2 참 간단한 초대 밥상 80

Chapter 1 간단한 요깃거리
연어 오이롤 078
라이스페이퍼롤 079
어니언 링 080
새우 춘권피 롤튀김 081
모둠 꼬치구이 082
단호박 춘권피컵 카나페 083
두 가지 브루스케타 084
비프 나초 085

Chapter 2 수프와 샐러드
토마토 해산물 수프 086
크램 차우더 088
게살 수프 089
호박범벅 090
토마토 카프레제 092
시저 샐러드 093
닭고기 잣소스 냉채 094
아보카도 마 샐러드 095
망고 드레싱 그린 샐러드 096
지중해식 샐러드 097

Chapter 3 해산물과 생선 요리
마늘 버터 소스 왕새우구이 098
칠리새우 100
크림새우 101
광어회 카르파치오 102
해파리냉채 103
매운 홍합찜 104
날치알 마요 소스 그린 홍합구이 105
참치 다다키 106
전복 스테이크 108
데리야키 장어구이 110
관자구이와 파슬리 오일 112
해물 파전 113
해물 누룽지탕 114
중화풍 해산물볶음 116
미니 생선가스 볼 118
골뱅이무침 119

Chapter 4 육류 요리
통삼겹살조림 120
파채 매운 깐풍기 122
닭 봉 간장조림 124
스모크 폭립구이 126
유린기 128
불고기 129
차돌박이구이와 참나물무침 130
된장 소스 삼겹살구이 131
찹스테이크 132
찹쌀 탕수육 133
쇠고기 파히타 134
샤브샤브 냉채 136
떡갈비 137
쇠고기 편육과 콩나물 냉채 138
닭강정 139
미니 갈릭 스테이크 140

Chapter 5 밥과 면 요리
지라시 스시 142
연어 새싹채소 초밥 144
연근튀김을 얹은 쇠고기롤 145
아보카도 크랩롤 146
참치 회덮밥 147
매콤 두부덮밥 148
비빔소면 150
들깨 닭 칼국수 151
쇠고기 볶음우동 152
냉모밀 153
미트볼 파스타 154
버섯 블루치즈 크림 파스타 156
해물 크림 떡볶이 157
토마토소스 감자 뇨키 158

Chapter 6 곁들임 요리
기본 피클&연근 비트 피클 160
마늘종무침과 양파절임 161
마리네이드 토마토 162
오이선 163
웨지 감자 164
통고구마구이 165

Chapter 7 디저트와 음료
단호박 꿀범벅 떡구이 166
마체도니아 167
딸기 밀크 푸딩 168
라즈베리 크림치즈 타르트 169
초간단 티라미수 170
팥조림을 얹은 심플 아이스크림 171
유자와 요구르트 셔벗 172
오미자 화채 173
베리베리 스무디와 망고라씨 174
상그리아 175

Part 3 참 간단한
명절 밥상 30

Chapter 1 기본 명절 음식
떡국 178
청포묵무침 179
잡채 180
세 가지 전 181
삼색 나물 182
녹두 빈대떡 184
섭산적 186
누름적 187
갈비찜 188
세 가지 묵은 나물 190
오곡밥 192
송편 193
팥죽 194
약식 196
수정과 198
식혜 199

Chapter 2 남은 명절 음식 활용하기
잡채 김말이튀김 200
갈비찜 케사디야 201
매실 소스 산적 샐러드 202
완자전 탕수 203
달걀말이 나물김밥 204
나물 감자 부침개 205
나물 비빔밥 206
묵은 나물 물만두 207
오곡밥 누룽지 피자 208
호두 오곡죽 209
팥죽조림 만두튀김 210
고구마 가래떡 맛탕 211
송편 치즈 떡볶이 212
수정과 셔벗 213

Index 216

Cooking
Note

요리가 서툴거나 처음부터 기본기를
다시 배우고 싶은 초보 요리사를 위한 쿠킹 노트입니다.
마법의 계량법이라 불리는 밥숟가락&종이컵 계량법,
재료 100g 어림치, 이 책에서 사용한 기본 양념,
손맛 좋은 고수가 귀띔하는 재료 써는 법과 육수 내는 법,
하나쯤 장만해두면 유용한 조리도구와 요리 재료를
통 큰 마음으로 공개합니다.

이 책의 계량법 1

밥숟가락&종이컵 계량법

가루 재료 계량하기
소금, 설탕, 고춧가루, 후춧가루, 통깨…

 1은 밥숟가락으로 수북하게 떠서 위를 편평하게 깎은 양

 0.5는 밥숟가락 절반 정도의 양

 0.3은 밥숟가락 1/3 정도 담은 양

액체 재료 계량하기
간장, 식초, 맛술…

 1은 밥숟가락을 가득 채운 양

 0.5는 밥숟가락 절반 정도의 양

 0.3은 밥숟가락 1/3 정도 담은 양

장류 계량하기
고추장, 된장…

 1은 밥숟가락으로 수북하게 떠서 위를 편평하게 깎은 양

 0.5는 밥숟가락 절반 정도의 양

 0.3은 밥숟가락 1/3 정도 담은 양

종이컵으로 액체 재료 계량하기

 1컵은 종이컵에 가득 담은 양으로 200㎖에 조금 부족한 양

 1/2컵은 종이컵의 중간 지점에서 살짝 올라오도록 담은 양

기억해두세요!

다진 마늘 1개 = 0.5밥숟가락
다진 파 1/4대 = 2밥숟가락
다진 양파 1/4개 = 4밥숟가락

1.5는 한 숟가락+반 숟가락.
약간은 엄지와 검지로 소금이나 후춧가루를 집을 수 있는 정도의 소량. 약간이라 표기되어 있어도 입맛에 맞게 간을 조절하세요.

이 책의 계량법 2

한눈에 보이는 계량법

주요 식재료 100g 어림치
주요 식재료의 100g을 눈대중 계량법으로 익혀두면 재료를 하나하나 계량하지 않아도 되어 요리할 때 편리해요. 요리에 자주 사용하는 재료의 100g 어림치를 소개합니다.

양파
작은 것 3/4개

무
지름 9cm, 길이 3cm 반원형 1쪽

두부
6×5×3cm

감자
작은 것 1개

오이
작은 것 1/2개

양송이버섯
6개

애호박
1/3개

단호박
1/4개

토마토
큰 것 1/2개

닭 가슴살
1조각

당근
중간 것 1/2개

브로콜리
작은 것 7송이

달걀 1개의 무게는 40~70g 정도로 이 책에서는 달걀을 개수로 표기합니다.

(요리의 기본 공식)

재료 썰기의 정석

요리의 기본은 재료를 잘 써는 것에서부터 시작하죠.
한번 익혀두면 요리가 수월해지는 요리의 기본 공식, 재료 써는 법을 소개합니다.

채썰기
재료를 얄팍하게 썰어 한데 모아 채를 썬다.

대파 채썰기
대파를 10cm 정도로 큼직하게 잘라 반을 가르고 속에 있는 심을 빼내고 채 썬다. 대파는 채를 썰어 찬물에 10분 이상 담가두었다가 체에 밭쳐 물기를 빼고 사용해야 아린 맛과 매운맛이 빠진다.

나박썰기
가로, 세로 3~4cm 정도 크기로 얄팍하게 썬다.

깍둑썰기
가로, 세로, 높이의 크기가 일정하도록 깍두기처럼 네모 모양으로 썬다.

반달썰기
원형의 재료를 길이로 반 자르고 반달 모양이 되도록 한 번 더 썬다.

어슷썰기
재료를 비스듬하게 썬다.

돌려 깎기
재료의 껍질과 속을 분리해 써는 방법으로 재료에 칼집을 넣어 껍질을 벗기듯 돌려 깎는다. 오이나 호박을 돌려 깎기할 때는 가운데 씨 부분을 제외하고 깎는다.

연필 깎기
주로 우엉을 손질할 때 사용하는데 섬유질을 끊어 재료를 부드럽게 하기 위한 방법이다. 재료의 껍질을 벗겨 연필을 깎듯이 칼을 위에서 아래로 내려가며 깎는다.

송송 썰기
모양을 살려 작은 크기로 썬다.

다지기
재료를 얇게 썰어 가지런히 모아 채 썰고 다시 가로로 모아두고 잘게 썬다.

양파 칼집 넣어 다지기
양파를 반으로 썰어 촘촘하게 칼집을 넣고 직각으로 잘게 썰면 양파를 다지기가 편리하다.

편 썰기
재료의 모양을 살려 납작하고 얇게 썬다. 저미기라고도 한다.

네 토막 썰기
재료를 5~6cm 길이로 토막 낸 다음 십자 모양으로 칼집을 넣어 자른다.

모서리 둥글리기
감자, 무, 당근 등 단단한 채소는 요리 시간이 오래 걸리는 찜 요리에 넣으면 부서지기 쉬우므로 적당한 크기로 썰어 모서리 부분을 동그랗게 깎아준다.

맛내기 공식

한번 익혀두면 평생 써먹는
기본 육수 내기

맛있는 요리의 소소한 비법은 바로 육수. 같은 요리라도
그냥 물로 만들 때보다 육수로 만들 때 깊은 감칠맛이 더해지겠죠.
맛내기 기본 공식인 육수 내는 법을 소개합니다.

다시마 육수

재료 다시마(5×5cm) 2장, 물 5컵

Tip 다시마는 육수를 내기 편한 크기로 자르거나 자른 것을 구입하면 사용하기가 편리해요. 다시마는 오래 끓이면 점액질이 나오고 텁텁해지므로 미리 물에 담가두었다가 끓이고 물이 끓으면 1분 정도 후에 꺼내세요. 남은 다시마는 버리지 말고 요리에 활용하세요.

❶ 다시마는 젖은 면포로 닦아낸다.
❷ 물 5컵에 다시마 2장을 넣고 30분 정도 담가 맛을 우린다.
❸ 냄비에 다시마와 다시마 우린 물을 붓고 약한 불에서 끓이다가 물이 끓으면 1~2분 더 끓이다가 다시마를 건지고 불을 끈다.

멸치 육수

재료 국물용 멸치 10~12마리, 물 5컵

Tip 멸치 대신 디포리(밴댕이)를 넣고 육수를 만들어도 좋아요.

❶ 국물용 멸치는 머리를 떼고 내장을 뺀다.
❷ 팬을 달구어 기름을 두르지 않고 멸치를 살짝 볶아 비린내를 날린다.
❸ 냄비에 멸치와 물 5컵을 붓고 중간 불에서 끓여 물이 끓으면 약한 불로 줄이고 8~10분 정도 끓이다가 멸치를 건지고 불을 끈다.

멸치 다시마 육수

재료 국물용 멸치 5~6마리, 다시마(5×5cm) 1장, 물 5컵

Tip 멸치를 육수에 활용할 때는 내장을 제거해야 쓰고 텁텁한 맛이 나지 않아요. 멸치, 새우 등 건어물은 기름을 두르지 않은 팬에 넣고 약한 불에서 타지 않게 1~2분 정도 살짝 볶아서 사용해야 비린내가 사라져요.

❶ 국물용 멸치는 머리를 떼고 내장을 빼고 팬을 달구어 기름을 두르지 않고 살짝 볶아 비린내를 날린다. ❷ 다시마는 젖은 면포로 닦는다. ❸ 냄비에 멸치, 다시마, 물 5컵을 붓고 30분 정도 담가 맛을 우려내고 중간 불에서 끓여 물이 끓으면 약한 불로 줄이고 1~2분 더 끓이다가 다시마를 먼저 건지고 8분 정도 더 끓이다가 멸치를 건지고 불을 끈다.

가다랑어포 육수

재료 다시마(5×5cm) 2장, 가다랑어포 2/3컵, 물 5컵

Tip 가다랑어포는 오래 끓이면 떫은맛과 쓴맛이 우러나니 미리 끓여둔 물에 넣고 5분 정도만 우려내면 충분해요.

❶ 다시마는 젖은 면포로 닦아낸다. 물 5컵과 다시마 2장을 넣고 30분 정도 담가 맛을 우려내고 냄비에 다시마와 다시마 우린 물을 붓고 약한 불에서 끓인다. ❷ 물이 끓으면 1~2분 더 끓이다가 다시마를 건지고 불을 끄고 가다랑어포를 넣고 5분 정도 우려낸다. ❸ ②를 고운체나 면포에 거른다.

쇠고기 육수

재료 쇠고기(양지 또는 사태) 200g, 양파 1/4개, 물 7컵

Tip 쇠고기 육수를 만들 때 양파, 대파, 마늘을 넣으면 누린내 제거에 도움이 되지만 기본 육수를 만들 때는 향신 채소를 너무 많이 넣지 마세요. 쇠고기 육수에 무를 넣으면 감칠맛과 담백한 맛이 더해져요.

❶ 쇠고기는 찬물에 30분 정도 담가 핏물을 뺀다. ❷ 냄비에 쇠고기, 양파, 물 7컵을 붓고 끓이는 도중 생기는 거품과 불순물은 걷어내며 센 불에서 끓인다. ❸ 물이 끓으면 약한 불로 줄이고 쇠고기가 익을 때까지 30분 정도 은근하게 끓여 육수가 식으면 고운체나 면포에 거른다.

닭고기 육수

재료 닭 다리 2개, 양파 1/4개, 물 7컵

Tip 닭 다리 대신 닭 가슴살이나 닭 안심 삶은 물을 육수로 활용하거나 손질한 닭뼈를 모아두었다가 육수를 낼 때 활용해도 좋아요.

❶ 닭 다리는 칼집을 넣어 찬물에 15분 정도 담가 핏물을 뺀다. ❷ 냄비에 닭 다리, 양파, 물 7컵을 붓고 끓이는 도중 생기는 거품과 불순물은 걷어내며 센 불에서 끓인다. ❸ 물이 끓으면 약한 불로 줄이고 30분 정도 은근하게 끓여 육수가 식으면 고운체나 면포에 거른다.

해물 육수

재료 다시마(5×5cm) 1장, 마른 새우 8~10마리, 북어 대가리 1개, 표고버섯 밑동 2개, 물 7컵

Tip 북어 대가리, 표고버섯 밑동 등은 버리지 말고 냉동 보관했다가 육수를 낼 때 활용하세요. 육수가 필요한 어떤 요리와도 궁합이 잘 맞는 담백하고 시원한 감칠맛을 내는 천연조미료랍니다.

❶ 다시마는 젖은 면포로 닦아내고 마른 새우는 팬을 달구어 기름을 두르지 않고 살짝 볶아 비린내를 날린다. ❷ 냄비에 다시마, 마른 새우, 북어 대가리, 표고버섯 밑동, 물 7컵을 붓고 30분 정도 담가 맛을 우려내고 중간 불에서 끓인다. ❸ 물이 끓으면 약한 불로 줄이고 1~2분 더 끓이다가 다시마를 먼저 건져내고 20분 정도 끓여 육수가 식으면 고운체에 거른다.

채소 육수

재료 무 150g, 당근 50g, 배춧잎 2장, 양파 1/4개, 대파 1/4대, 표고버섯 밑동 2개, 물 7컵

Tip 사용하고 조금씩 남은 채소는 한데 모아두었다가 육수를 낼 때 활용하세요. 영양소가 가득 담긴 채소 육수는 수프나 죽을 끓이거나 찌개를 만들 때 육수로 활용하면 맛있어요.

❶ 무, 당근, 배춧잎, 양파, 대파는 적당한 크기로 자른다.
❷ 냄비에 채소와 표고버섯 밑동, 물 7컵을 붓고 중간 불에서 끓인다.
❸ 물이 끓으면 약한 불로 줄여 30분 정도 은근하게 끓이고 고운체에 거른다.

> 고수의 추천 도구

구입해도 후회하지 않는 유용한 조리도구

많은 개수는 아니더라도 요리를 수월하게 하는 몇 가지 조리도구만 갖춰도 요리가 즐거워질 수 있어요. 주방에 하나쯤 갖춰두면 유용한 조리도구를 소개합니다.

계량저울
요리할 때 밥숟가락 또는 눈대중으로 계량을 하더라도 계량저울을 하나쯤 준비하면 편리하다. 특히 미세한 1g까지도 측정할 수 있는 전자저울은 제과·제빵에도 사용할 수 있다.

샐러드 스피너
샐러드 채소나 쌈채소를 깨끗하게 씻어 샐러드 스피너에 넣고 돌리면 물기가 제거된다. 샐러드를 만들 때 가장 중요한 포인트가 채소의 물기를 잘 털어내는 것이니만큼 주방에 샐러드 스피너를 갖춰두면 여러모로 유용하다.

미니 믹서
소스나 천연조미료를 만들 때 또는 소량의 재료를 갈 때는 미니 믹서가 유용하다. 특히 마른 재료용, 젖은 재료용으로 나눠져 있는 제품은 재료와 용도에 따라 구분해 사용한다.

조리용 스푼
고온에서도 탈색 또는 변색되지 않으며 부드러운 소재의 실리콘 조리용 스푼은 재료를 볶을 때 유용하다. 나무주걱은 안전하고 편리하지만 곰팡이가 생기거나 쉽게 물이 들 수 있으니 꼼꼼하게 관리해야 한다.

속 뚜껑
조림 요리를 할 때 속 뚜껑을 덮으면 국물이 순환하여 소스를 자주 끼얹지 않아도 되어 편리하다. 속 뚜껑 대용으로 쿠킹포일을 뚜껑보다 작게 접어 구멍을 뚫고 요리 위에 덮어두면 그 역할을 톡톡히 한다.

미니 절구
통깨나 견과류는 미리 갈아두지 않고 그때그때 미니 절구에 넣고 빻아서 사용하면 맛과 향이 좋다.

치즈갈이
파르메산치즈처럼 단단한 치즈류는 필요할 때마다 갈아서 넣으면 좋다. 전용 치즈갈이가 있으면 파스타나 피자, 샐러드에 치즈를 갈아 뿌릴 때 유용하다. 치즈갈이도 종류에 따라 얇거나 굵게 갈 수 있는데 레몬이나 오렌지 껍질을 벗기는 제스터 용도로 사용해도 좋다.

조리용 붓
음식에 소스를 덧발라 굽거나 참기름이나 달걀물을 바를 때, 제과·제빵에도 유용하게 쓰이는데 특히 실리콘 붓은 관리가 편하다.

건지개
육수를 우려내고 재료를 건질 때, 튀김을 건질 때, 삶고 있는 재료를 건질 때, 파스타를 건질 때 등 여러모로 활용할 수 있어 편리하다.

냄비잡이
무쇠 양수냄비나 뚝배기를 옮길 때 뜨거운 열기가 전달되지 않는 냄비잡이를 사용하면 편리하다.

냉동 밥그릇
밥을 지은 즉시 냉동 보관했다가 전자레인지에 3~4분 정도 돌리면 방금 만든 듯한 밥을 먹을 수 있다. 냉동 밥그릇에 밥을 얼려두면 냉동실 자리도 적게 차지하고 매번 밥을 하지 않아도 되어 편리하다.

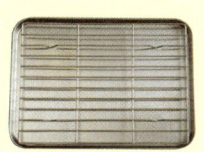

튀김망
튀김망에 유산지나 키친타월을 깔고 튀김을 얹어두면 여분의 기름을 빼기에 수월하고 쉽게 눅눅해지지 않는다.

종이포일
인체에 무해하고 유독 성분이 없는 종이포일은 오븐 요리를 하거나 생선이나 고기를 구울 때, 떡을 찔 때 등 두루두루 유용하게 사용할 수 있다.

채소 다지기
채소를 다지거나 재료를 혼합할 때 유용한 기구로 동그랑땡, 볶음밥 등에 사용할 재료를 일일이 다지기 귀찮다면 몇 가지 채소를 모아 넣고 사용한다.

Shopping Tip

스테인리스 냄비 vs 무쇠 냄비

요리에 능숙하지 않아도 조금이라도 관심이 있다면 스테인리스 냄비와 무쇠 냄비 중 무엇을 사야 할지 고민하게 될 거예요. 제법 비싼 가격을 치르고서라도 굳이 주방에 들여놓고 싶은 이유는 쓰면 쓸수록 그 값어치를 톡톡히 하기 때문이겠죠. 은근히 사용이 까다로운 듯하고 관리도 잘해야 하지만 몇 가지 팁만 숙지하면 쉽고 편하게 사용할 수 있어요.

스테인리스 냄비
스테인리스 냄비는 중간 불에서 5분 이내로 가열하여 잠시 식혔다가 기름을 두르고 충분히 달군 다음 재료를 넣어야 재료가 잘 달라붙지 않는다. 또는 약한 불에서 은근하게 가열한 뒤 기름을 두르고 재료를 넣어도 된다. 냄비를 충분히 달구지 않았거나 기름 양이 너무 없으면 재료가 팬에 잘 달라붙는다. 일명 '미네랄 얼룩'이라고도 하는 음식물 얼룩이 생겼거나 희뿌옇게 변색이 되었다면 팬에 물을 붓고 살짝 끓여 베이킹소다를 넣고 닦으면 세척이 잘된다. 또는 팬에 물과 식초를 넣고 끓인 다음 세척해도 도움이 된다. 오염이 심할 경우에는 큰 통에 베이킹소다를 탄 물을 붓고 스테인리스 냄비를 넣어 끓이거나 스테인리스 전용 세제를 사용해 닦는다.

무쇠 냄비
인체에 무해한 천연성분으로 구성된 무쇠 냄비는 코팅이 안되어 있어 충분히 예열한 다음 사용해야 한다. 처음 사용할 때는 기름을 많이 쓰는 요리를 자주 하면 냄비를 길들이는 데 도움이 된다. 열을 골고루 분산시켜 음식을 골고루 익게 하고 수분이 잘 빠지지 않아 뭉근하게 오래 끓이는 찜이나 스튜 또는 저수분 요리를 할 때 좋다. 조리 후에는 깨끗하게 씻고 약한 불에서 가열해 물기를 확실하게 제거하고 식용유를 살짝 발라두면 녹이 스는 것을 막을 수 있다. 뜨거운 냄비 그릇에 갑자기 찬물을 붓지 않도록 주의하고 세척할 때 물에 오래 담가두지 않는다. 녹슬었을 때는 수세미로 문질러 닦고 기름을 골고루 발라 연기가 날 때까지 가열해서 천천히 식힌다.

고수의 요리 비법

장만해두면 요긴하게 사용하는 요리 재료

냉장고에 몇 가지 요리 재료만 갖추어두면 솜씨가 살짝 부족해도 각종 요리에 맛과 멋을 더할 수 있어요. 여러 요리에 다용도로 활용 가능한, 시중에서 쉽게 만날 수 있는 몇 가지 요리 재료를 소개합니다.

굴소스 생굴을 발효시켜 여러 양념을 첨가해 만든 소스이다. 굴 추출물이 얼마나 함유되었는지에 따라 일반과 프리미엄으로 나뉜다. 중국 요리에 가장 많이 활용하는 소스로 각종 중국 요리뿐만 아니라 볶음밥, 면 요리, 조림 등에 넣으면 고급스러운 감칠맛을 더한다.

두반장 콩과 절인 고추, 여러 향신료를 넣고 발효시킨 소스로 맵고 짠맛이 강하며 특유의 향이 있다. 마파두부나 매운맛을 내는 요리에 사용하면 좋다.

해선장 콩과 향신료를 섞어 만든 소스로 새콤하면서 달콤한 맛이 난다. 쌀국수 육수에 넣거나 건더기를 찍어 먹는 소스로 활용하거나 볶음밥 또는 볶음면, 구이 요리에 활용하면 고소하다.

홀스래디시 소스 홀스래디시는 서양 고추냉이로 여기에 여러 재료를 가미해 만든 소스가 홀스래디시 소스이다. 톡 쏘는 맛이 매력적인 홀스래디시 소스는 연어 요리 말고도 각종 생선 요리 소스에 활용하거나 해산물이 들어간 샐러드 드레싱으로도 활용할 수 있다.

스위트칠리 소스 고추, 마늘, 설탕 등을 넣고 만든 새콤, 달콤, 매콤한 소스로 튀김이나 소시지, 닭고기, 새우 요리를 찍어 먹거나 월남쌈 소스로 활용할 수 있다.

데리야키 소스 간장, 맛술, 청주, 식초, 향신료 등을 넣고 만든 소스로 스테이크, 바비큐, 생선 요리 또는 철판 요리, 볶음면 등에 다양하게 활용할 수 있다.

바비큐 소스 토마토 주스 농축액에 시럽, 겨자, 향신료, 히코리 향 등을 넣고 독특한 향이 나도록 걸쭉하게 만든 소스로 바비큐나 등갈비 요리를 할 때 소스를 덧발라가며 굽는 용도 또는 고기를 찍어 먹을 때 활용하면 좋다.

핫소스 고추와 식초를 넣어 매콤하고 새콤하게 만든 소스로 맛과 향이 강해 소량만 사용한다. 피자나 파스타에 뿌려 먹거나 토마토 수프 등에 약간 넣으면 톡 쏘는 매콤한 맛이 살아난다.

피시 소스 피시 소스는 멸치 등 생선을 소금에 절여 발효시켜 만든 액젓으로 각종 동남아 요리뿐만 아니라 월남쌈을 찍어 먹는 소스를 만들 때 활용할 수 있다.

스테이크 소스 토마토 퓌레와 각종 향신료, 캐러멜 색소 등을 넣고 만든 소스로 스테이크나 로스구이를 찍어 먹거나 찹스테이크를 만들 때 활용할 수 있다.

씨 머스터드 겨자씨가 함유된, 톡 쏘는 맛이 강한 머스터드로 새콤하고 씹히는 식감이 좋다. 육류 요리뿐만 아니라 각종 드레싱, 샌드위치 등을 만들 때 활용하면 좋다.

발사믹식초 이탈리아어로 '향기가 좋다'는 뜻의 발사믹은 포도즙을 나무통에 넣고 숙성시킨 포도주 식초로 숙성 기간이 길수록 향기와 풍미가 좋아진다. 발사믹식초는 소스나 조림 요리 또는 엑스트라 버진 올리브오일, 소금, 후춧가루를 더해 샐러드 드레싱이나 빵을 찍어 먹는 용도로 활용하기도 한다.

발사믹시럽 발사믹식초에 농축 포도과즙, 캐러멜 색소 등을 넣고 걸쭉하게 졸인 시럽으로 육류 등의 요리에 섞어 활용하거나 샐러드 드레싱, 과일, 아이스크림 등 디저트 시럽으로 활용해도 좋다.

메이플시럽 캐나다에서 주로 생산되는 메이플시럽은 사탕단풍나무의 수액을 채취해 끓여서 농축해 시럽으로 만든다. 특유의 풍미가 있어 여러 요리에 활용하기보다 팬케이크나 와플, 아이스크림, 과일에 뿌려 먹거나 제과·제빵에 주로 활용한다.

 **페페론치노** 맵고 작은 고추를 말린 페페론치노는 적은 양으로도 매운맛을 내어 알리오 올리오 파스타나 매콤한 수프를 만들 때 사용하면 좋다.

 **안초비** 멸치의 일종인 안초비를 소금에 절여 올리브오일에 담근 것으로 고소하면서도 담백하지만 맛이 강해 소량만 사용해도 된다. 안초비는 곱게 다져 시저 샐러드, 파스타, 피자, 드레싱을 만들 때 활용한다.

 **홀토마토 통조림** 토마토를 끓는 물에 데쳐 껍질을 벗기고 통째로 토마토 주스에 넣어 절인 것으로 토마토소스를 만들 때 토마토 대신 활용하면 편리하고 감칠맛도 더할 수 있다. 사용하기 편리하게 작게 썰어 나온 제품도 있다.

 **케이퍼** 케이퍼는 지중해 연안에서 자라는 꽃봉오리로 식초와 소금에 절여 먹는다. 시큼하면서도 상큼한 맛이 나고 요리의 맛을 돋워 연어 요리에는 빠지지 않는 재료다. 생선 요리 또는 샐러드, 파스타, 소스를 만들 때 활용한다.

 **올리브** 올리브는 소금에 절인 상태로 구입할 수 있는데 그린 올리브는 애피타이저, 파스타나 샐러드에 주로 활용하고 블랙 올리브는 피자나 파스타, 빵을 만들 때 주로 활용한다.

 **가다랑어포** 가다랑어의 살을 쪄서 건조하고 훈제하여 발효시키는 과정을 거쳐 대패로 얇게 밀어 만드는 가다랑어포는 육수에 활용하면 감칠맛을 더해준다. 특히 일본 요리를 만들 때 빠질 수 없는 재료로 볶음 우동, 오코노미야키, 다코야키 등에 사용된다.

 **춘권피** 스프링 롤을 만들 때 사용한다.

 **쌀국수** 버미셀리라고 하는 가는 쌀국수는 물에 불려 살짝 데쳐 월남쌈이나 스프링 롤, 샐러드 등에 활용하면 좋다. 중간 굵기의 쌀국수는 일반 국수 요리에 활용하고 1cm 굵기의 굵고 넓적한 쌀국수는 볶음용으로 적당하다.

 **찹쌀누룽지** 누룽지탕을 만들 때 사용하는 찹쌀누룽지는 중국 요리 재료를 판매하는 곳에서 구입할 수 있는데 찹쌀로 밥을 지어 네모나게 만들어 살짝 눌러두었기 때문에 바삭하게 튀겨진다.

 미니 타르트틀 미리 구워둔 타르트틀을 구입해 냉동 보관하면 제법 폼 나는 디저트를 빠르게 만들 수 있어 유용하다. 5~6cm 지름의 미니 타르트틀은 손님들이 하나씩 들고 먹기 편하고 모양도 예쁘다.

 **레몬즙&라임즙** 레몬과 라임을 즙만 걸러둔 제품으로 각종 소스나 드레싱을 만들 때, 생선이나 육류를 재울 때, 주스나 디저트를 만들 때 편리하게 활용할 수 있다.

 **치킨스톡** 닭과 향신료를 넣고 끓여 만든 스톡으로 간편하게 닭 육수를 만들 수 있다. 각종 중국 요리나 수프, 국물 요리를 만들 때 물에 넣고 녹여 사용하면 된다.

 블루치즈 푸른색 곰팡이가 대리석 무늬 형태를 띠고 있는 블루치즈는 숙성되는 과정에서 독특한 맛과 자극적인 향을 품어낸다. 와인 안주로 먹거나 빵에 얹어 먹기도 하지만 소스나 파스타, 피자에 활용하면 깊은 맛을 더해준다. 로크포르와 고르곤졸라 등이 있다.

 **페타치즈** 그리스의 대표 치즈로 알려진 페타치즈는 양의 젖으로 만드는 것이 원칙이나 우유로 만들기도 한다. 소금물에 담가두기 때문에 짠맛이 강하고 시큼하다. 그리스식 샐러드, 시금치 파이, 빵 등에 활용한다.

 크림치즈 크림치즈는 빵에 발라 먹는 용도 외에도 간단한 디저트류나 타르트를 만들 때 활용할 수 있다.

 **파르메산치즈** 이탈리아 치즈인 파르메산치즈는 '파르미자노 레자노'라고 불리는데 보통 2년 이상 숙성시켜 만든다. 단단하고 쉽게 부서져 분말 형태로도 판매하는데 덩어리째 구입해 필요할 때마다 즉석에서 필러나 치즈 전용 칼로 깎아서 사용하는 것이 더 맛있고 향도 좋다. 파스타나 피자, 리소토, 샐러드 등에 뿌려 먹는다.

 **생모차렐라치즈** 생모차렐라치즈는 숙성 과정을 거치지 않아 연하고 신선하며 치즈 냄새가 없지만 쉽게 상하므로 빨리 소비해야 한다. 가열을 하면 늘어나는 성질이 있어 피자치즈로 알려져 있으나 생으로 먹을 때는 샐러드, 샌드위치 등에도 활용한다.

 **바질** 이탈리아 요리에 자주 활용하는 허브로 특히 토마토소스와 잘 어울린다. 토마토를 활용한 피자나 파스타, 그라탱 등에 잎만 따서 사용한다.

 고수 코리앤더라고 불리는 고수는 동남아 요리에 반드시 필요한 허브로 독특한 향과 맛이 난다. 베트남 쌀국수나 볶음 국수에 넣어 먹는다.

 **민트** 민트는 스피어민트, 페퍼민트, 애플민트 등 여러 종류가 있는데 상쾌하고 청량한 향과 개운한 맛을 전해줘 디저트나 음료에 자주 활용한다.

향신료 및 허브 파슬리, 바질, 오레가노, 타임, 너트메그, 커리 파우더 등 몇 가지 향신료 및 허브를 준비하면 요리에 어울리는 맛과 향을 더하거나 잡냄새를 제거하는 등 다용도로 활용할 수 있다.

Part 1

참 간단한
매일 밥상 50

Chapter 1 한 그릇 밥과 죽
Chapter 2 국과 찌개
Chapter 3 기본 밑반찬

01 마늘 달걀볶음밥

2인분
요리 시간 20분

재료
찬밥 2공기
마늘 10쪽
실파 2대
달걀 3개
소금 약간
식용유 4
참기름 1
통깨 0.5

Cooking Tip
재료가 마땅하지 않을 때 후다닥 만들 수 있는 쉽고 간단한 한 그릇 밥이에요. 소금 간 대신 굴소스로 간해도 맛있어요.

❶ 마늘은 얇게 저미고 실파는 송송 썰고 달걀은 알끈을 제거하고 소금을 약간 넣어 잘 섞는다.

❷ 달군 팬에 식용유 2를 두르고 마늘을 노릇하게 볶아 마늘이 갈색이 나면 건져 소금을 약간 뿌린다.

❸ ②의 팬에 나머지 식용유 2를 두르고 달걀물을 붓고 젓가락으로 저어가며 스크램블한다.

❹ 찬밥을 넣고 잘 섞다가 소금을 약간 넣어 간한 다음 마늘, 송송 썬 실파, 참기름 1, 통깨 0.5를 넣고 섞는다.

2인분
요리 시간 30분

주재료
밥 2공기
닭 다리살 2조각
양파 1/2개
실파 1대
달걀 3개

닭 밑간 재료
청주 1
소금·후춧가루 약간씩

국물 재료
다시마 육수 1컵+1/2컵
간장 2
설탕 0.5
청주 1
맛술 1
소금 약간

대체 식재료
닭 다리살 ▶ 닭고기 안심
다시마 육수 ▶ 닭고기 육수

Cooking Tip
닭 다리살 대신에 닭 안심을 사용해도 되지만 지방이 붙어 있는 닭 다리살로 만들면 더 부드럽고 촉촉해요. 달걀은 완전히 익히지 않고 70~80% 정도만 익히세요.

02 닭고기 달걀덮밥

❶ 닭 다리살은 두툼한 지방 부위는 자르고 한입 크기로 잘라 청주 1, 소금과 후춧가루 약간씩을 뿌려 20분 이상 재운다. 양파는 채 썰고 실파는 3cm 길이로 썰고 달걀은 흰자와 노른자가 완전히 섞이지 않을 정도로 대충 푼다.

❷ 팬에 국물 재료인 다시마 육수 1컵+1/2컵, 간장 2, 설탕 0.5, 청주 1, 맛술 1, 소금 약간을 넣고 설탕이 녹을 때까지 약한 불에서 끓이다가 국물이 끓으면 닭고기와 양파를 넣고 뚜껑을 덮어 중간 불에서 3~4분 정도 끓인다.

❸ 닭고기가 익으면 풀어둔 달걀을 3분의 2 정도 붓고 뚜껑을 덮어 1분 정도 끓이다가 나머지 달걀을 마저 붓고 30초 정도 더 끓여서 불을 끈다.

❹ 그릇에 따끈한 밥을 담고 닭고기와 달걀을 적당히 얹은 다음 국물을 촉촉하게 붓고 실파를 얹는다.

③ 해물 솥밥

2인분
요리 시간 50분

재료
쌀 1컵
대하 2마리
전복 1마리
관자 1개
홍합살 60g
은행 8알
식용유 적당량
표고버섯 1개
국간장 1
다시마 육수 1컵
참기름 1.5
소금 약간

대체 식재료
대하 ▶ 새우살

Cooking Tip
관자나 전복 대신 오징어, 조갯살 등 다양한 해산물로 만들어도 좋아요.

❶ 쌀은 깨끗이 씻어 30분 이상 불리고 대하는 씻어 내장을 제거하고 전복도 솔로 살살 문질러 씻어 숟가락으로 살을 빼내 얇게 저민다. 관자는 1cm 크기로 썰고 홍합살은 수염을 자르고 흐르는 물에 살살 씻는다.

❷ 달군 팬에 식용유를 두르고 은행을 넣고 볶다가 소금을 약간 뿌려 껍질이 벗겨지면 키친타월에 올려 비벼가며 껍질을 벗긴다. 표고버섯은 1cm 크기로 썬다.

❸ 냄비에 참기름을 두르고 불린 쌀을 넣어 볶다가 쌀이 투명하게 익으면 대하, 전복, 관자, 홍합살, 표고버섯, 국간장 1, 다시마 육수 1컵을 넣고 센 불에서 끓인다.

❹ 물이 끓으면 중간 불로 줄여 10분 이상 끓이다가 밥물이 잦아들면 은행을 넣고 3분 정도 뜸을 들여 참기름 1.5를 두르고 맛을 보아 싱거우면 소금으로 간한다.

2인분
요리 시간 50분

재료
쌀 1컵
홍합살 150g
다시마(5×5cm) 1장
물 1컵
간장 1
참기름 1

Cooking Tip
홍합밥을 지을 때 간장을 약간 둘러 간을 하고 참기름을 두르면 양념장을 따로 곁들이지 않아도 맛있어요.

04 홍합밥

❶ 쌀은 깨끗이 씻어 30분 이상 불린다.

❷ 홍합살은 수염을 자르고 흐르는 물에 살살 씻는다.

❸ 냄비에 불린 쌀과 다시마, 홍합살을 넣고 물 1컵과 간장 1을 넣어 센 불로 끓인다.

❹ 물이 끓으면 불을 줄이고 중간 불에서 10분 이상 끓이다가 다시마를 꺼내고 3~4분 정도 뜸을 들이고 참기름을 두른다.

05 연어구이덮밥

2인분
요리 시간 30분

주재료
밥 2공기
연어 2조각(300g)
소금·후춧가루 약간씩
양파(작은 것) 1개
실파 1대
어린잎 채소 적당량
올리브오일 1

양파 조림장 재료
간장 4.5
설탕 1.5
맛술 3
청주 1.5
레몬즙 1
물 4
후춧가루 약간

Cooking Tip
연어는 기름이 많은 생선이므로 구울 때 팬에 기름이 살짝 코팅될 정도만 두르고 여분의 기름은 키친타월로 닦아내고 조리하세요.

❶ 연어는 찬물에 재빨리 씻어 물기를 제거하고 소금과 후춧가루를 뿌려 밑간해서 냉장고에 차갑게 보관한다.

❷ 양파는 채 썰고 실파는 송송 썰고 어린잎 채소는 찬물에 담가둔다.

❸ 달군 팬에 채 썬 양파와 양파 조림장 재료인 간장 4.5, 설탕 1.5, 맛술 3, 청주 1.5, 레몬즙 1, 물 4, 후춧가루 약간을 섞어 넣고 약한 불에서 15분 정도 뒤적이며 졸인다.

❹ 달군 팬에 올리브오일 1을 두르고 연어를 넣고 앞뒤로 노릇하게 구워 접시에 밥과 함께 담고 양파 조림을 얹은 다음 송송 썬 실파를 뿌리고 채소를 곁들인다.

2인분
요리 시간 30분

주재료
밥 2공기
오이 1/4개
소금 약간
배추김치 2장
날치알 100g
단무지(20cm) 1줄
게맛살(8cm) 2개
새싹채소 적당량
오렌지 주스 1/3컵
참기름 2
간장 1

배추김치 양념 재료
설탕 0.3
참기름 0.5

Cooking Tip
날치알은 오렌지 주스나 레몬즙, 청주, 화이트 와인 등에 잠시 담가두면 비린내가 제거되지만 약간 비린내가 나더라도 그냥 사용해도 돼요. 날치알, 단무지, 김치 등에 간이 되어 있으므로 알밥은 밥에 간장과 참기름만 약간 넣어 비벼 먹어도 맛있어요.

알밥

❶ 오이는 돌려 깎기해 채 썰어서 잘게 썬 다음 소금을 약간 뿌려 절이고 배추김치는 물에 씻어 물기를 꼭 짜고 잘게 썰어 설탕 0.3, 참기름 0.5를 넣어 양념한다. 단무지와 게맛살은 잘게 썰고 새싹채소는 찬물에 담가둔다.

❷ 날치알은 해동해서 오렌지 주스에 5분 정도 담가두었다가 체에 밭쳐 물기를 뺀다.

❸ 1인용 냄비를 달구어 각각 참기름 1을 두르고 밥 1공기를 담아 간장을 0.5씩 두른 다음 약한 불에서 가열한다.

❹ 오이, 김치, 단무지, 게맛살을 돌려 담고 날치알을 수북하게 얹은 다음 누룽지가 생길 때까지 살짝 더 두었다가 먹기 직전 불에서 내려 새싹채소를 올린다.

07 콩나물밥

2인분
요리 시간 50분

주재료
쌀 1컵
콩나물 150g
돼지고기 등심 100g
물 2/3컵

돼지고기 양념 재료
간장 0.5
청주 0.5
참기름 0.3
생강즙 약간

양념장 재료
홍고추 1/2개
풋고추 1/2개
간장 3
설탕 약간
참기름 0.5
통깨 0.5
다진 파 0.5
다진 마늘 0.3

대체 식재료
돼지고기 ▶ 쇠고기

Cooking Tip
콩나물에서 수분이 나오므로 평소 밥을 지을 때보다 물의 양을 약간 적게 잡으세요. 돼지고기는 채 썰어 넣어도 밥을 지으면 뭉치는데, 되도록 떨어뜨려 담으세요.

❶ 쌀은 깨끗이 씻어 30분 이상 불린다.

❷ 콩나물은 꼬리를 다듬어 씻고 돼지고기는 채 썰어 간장 0.5, 청주 0.5, 참기름 0.3, 생강즙 약간으로 양념한다.

❸ 냄비에 쌀과 돼지고기를 넣고 콩나물을 얹은 다음 물 1컵을 넣고 센 불로 끓이다 끓으면 불을 줄이고 중간 불에서 10분 이상 끓이다가 3~4분 정도 뜸을 들이고 그릇에 담는다.

❹ 양념장 재료인 홍고추 1/2개와 풋고추 1/2개를 다지고 간장 3, 설탕 약간, 참기름 0.5, 통깨 0.5, 다진 파 0.5, 다진 마늘 0.3을 섞어 콩나물밥에 곁들인다.

2인분
요리 시간 50분

주재료
쌀 1컵
불린 취나물 50g
국간장 0.3
물 1컵

양념장 재료
간장 2
들기름 0.5
다진 파 1

대체 식재료
취나물 ▶ 곤드레나물

Cooking Tip
취나물밥은 들기름 양념장과 맛이 잘 어울려요.

취나물밥

❶ 쌀은 깨끗이 씻어 30분 이상 불린다.

❷ 취나물은 끓는 소금물에 데쳐서 찬물에 헹궈 물기를 꼭 짜고 송송 썰어 국간장 0.3을 넣어 양념한다.

❸ 냄비에 불린 쌀을 담고 물 1컵을 넣고 센 불로 끓이다가 밥물이 끓어오르면 불을 줄이고 취나물을 넣어 중간 불에서 10분 이상 끓이다가 3~4분 정도 뜸을 들이고 그릇에 담는다.

❹ 양념장 재료인 간장 2, 들기름 0.5, 다진 파 1을 섞어 취나물밥에 곁들인다.

⑨ 오리엔탈 새우볶음밥

2인분
요리 시간 30분

주재료
찬밥 2공기
새우살 1/2컵
빨강 파프리카 1/2개
양파 1/4개
대파 1/4대
숙주 100g
달걀 2개
소금 약간
식용유 1

볶음밥 양념 재료
고추기름 1.5
청주 1
굴소스 3
소금 약간
참기름 1

대체 식재료
굴소스 ▶ 해선장

Cooking Tip
볶음밥은 밥알이 흩어지는 찬밥으로 만들어야 고슬고슬하고 맛있어요.

❶ 새우는 손질하여 이쑤시개를 이용해 등 쪽의 내장을 빼낸다. 파프리카와 양파는 잘게 썰고 대파는 송송 썰고 숙주는 꼬리를 다듬어 깨끗하게 씻는다.

❷ 달걀은 알끈을 제거하여 소금을 약간 넣고 잘 풀어 달군 팬에 식용유 1을 두르고 달걀물을 붓고 젓가락으로 휘 저어가며 스크램블하여 접시에 담는다.

❸ 달군 팬에 고추기름 1.5를 두르고 양파를 넣어 볶다가 새우와 청주 1을 넣어 센 불에서 볶는다. 새우가 70% 정도 익으면 불을 줄이고 파프리카를 넣고 섞은 다음 굴소스 3을 넣고 볶는다.

❹ 찬밥과 숙주를 넣어 볶다가 대파를 넣고 볶아 소금 약간으로 간하고 달걀을 넣고 섞은 다음 참기름 1을 두른다.

고추잡채덮밥

2인분
요리 시간 25분

주재료
밥 2공기
돼지고기 등심 200g
피망 2개
빨강 파프리카 1/2개
양파 1/2개
식용유 3
간장 1.5
굴소스 1
참기름 0.5
후춧가루 약간

돼지고기 양념 재료
달걀흰자 1/2개분
녹말가루 1.5
청주 1
생강즙 0.3
소금·후춧가루 약간씩

대체 식재료
돼지고기 등심 ▶ 돼지고기 안심
피망 ▶ 부추

Cooking Tip
덮밥 대신 꽃빵을 곁들여 손님 초대 요리로 내놓아도 훌륭해요.

❶ 돼지고기는 약간 두툼하게 채 썰어 달걀흰자 1/2개분, 녹말가루 1.5, 청주 1, 생강즙 0.3, 소금과 후춧가루 약간씩으로 양념한다. 피망과 빨강 파프리카는 6cm 길이로 채 썰고 양파도 채 썬다.

❷ 달군 팬에 식용유 3을 두르고 돼지고기를 넣어 센 불에서 20초 정도 볶다가 양파를 넣고 볶는다.

❸ 피망과 빨강 파프리카를 넣고 간장 1.5, 굴소스 1, 후춧가루 약간을 넣고 볶다가 참기름을 두른다.

❹ 그릇에 밥을 담고 고추잡채를 곁들인다.

⑪ 닭고기 우엉밥

2인분
요리 시간 50분

주재료
쌀 1컵
닭 가슴살 100g
우엉 40g
당근 30g
다시마(5×5cm) 1장
물 1컵

닭고기 밑간 재료
청주 0.5
간장 0.5
후춧가루 약간

대체 식재료
닭 가슴살 ▶ 닭 안심
우엉 ▶ 연근

Cooking Tip
우엉은 공기와 닿으면 바로 갈변하는데 갈변해도 영양 손실이 없으므로 굳이 식촛물에 담그지 않아도 돼요.

❶ 쌀은 깨끗이 씻어 30분 이상 불린다.

❷ 닭 가슴살은 채 썰어 청주 0.5, 간장 0.5, 후춧가루 약간을 넣어 밑간하고 우엉과 당근은 6cm 길이로 채 썬다.

❸ 냄비에 불린 쌀을 넣고 닭 가슴살, 우엉, 당근, 다시마를 넣고 물 1컵을 넣고 센 불에서 끓인다.

❹ 물이 끓으면 불을 줄이고 중간 불에서 10분 이상 끓이다가 3~4분 정도 뜸을 들이고 그릇에 담는다.

2인분
요리 시간 30분

주재료
찬밥 2공기
베이컨 4줄
배추김치 3장
양파 1/4개
실파 2대
식용유 적당량
조미김 1장
달걀 2개

볶음밥 양념 재료
김치 국물 2
고추장 1
설탕 0.3
소금 약간
참기름 1
통깨 약간

Cooking Tip
베이컨 대신 삼겹살로 볶음밥을 만들어도 색다른 맛을 즐길 수 있어요.

베이컨 김치볶음밥

❶ 베이컨은 잘게 썰어 달군 팬에 볶고, 배추김치는 잘게 썰고 양파는 다지고 실파는 송송 썬다.

❷ 베이컨을 구웠던 팬에 식용유를 약간 두르고 양파를 넣어 말갛게 될 때까지 볶다가 배추김치를 넣고 또 볶다가 볶아둔 베이컨을 넣고 1분 정도 더 볶는다.

❸ 찬밥을 넣고 잘 섞은 다음 김치 국물 2와 고추장 1을 넣고 볶다가 설탕 0.3과 소금 약간을 넣어 간한다.

❹ 김을 부수거나 잘라 넣고 참기름 1과 통깨 약간을 넣고 섞어 그릇에 담는다. 송송 썬 실파를 뿌리고 달걀 프라이를 올린다.

⑬ 돈가스덮밥

Cooking Tip
돈가스는 덮밥 국물에 미리 넣어 촉촉하게 적셔 먹기도 하는데 바삭한 식감을 원한다면 밥 위에 갓 튀긴 돈가스를 얹고 덮밥 국물을 적당히 부으면 돼요. 또 달걀은 70% 정도만 익혀 부드럽게 먹으면 더 맛있어요.
(가다랑어포 육수 내는 법은 15쪽 참조)

2인분
요리 시간 35분

주재료
밥 2공기
돼지고기 등심 2조각
소금·후춧가루 약간씩
양파(작은 것) 1/2개
달걀 1개
튀김기름 적당량

돼지고기 튀김옷 재료
밀가루 1/4컵
달걀 1개
빵가루 2/3컵

덮밥 국물 재료
가다랑어포 육수 1컵+1/2컵
간장 2
맛술 1
청주 1
설탕 0.5
소금 약간

❶ 돼지고기는 등심으로 준비하여 칼등으로 두드려 넓고 얇게 편 다음 소금과 후춧가루로 밑간하고 양파는 채 썬다.

❷ 돼지고기에 밀가루, 달걀, 빵가루 순으로 튀김옷을 입힌다.

❸ 예열한 튀김기름에 돼지고기를 노릇하게 두 번 튀겨 한 김 식으면 적당한 크기로 썬다.

❹ 가다랑어포 육수 1컵+1/2컵에 간장 2, 맛술 1, 청주 1, 설탕 0.5, 소금 약간을 넣고 살짝 끓인 다음 채 썬 양파를 넣고 약한 불에서 5분 이상 끓인다.

❺ 양파가 익으면 풀어둔 달걀을 넣고 약한 불에서 살짝 끓인다.

❻ 그릇에 밥을 담고 돈가스를 얹은 다음 덮밥 국물을 끼얹는다.

⑭ 제육덮밥

2인분
요리 시간 50분

주재료
밥 2공기
돼지고기 앞다리살 300g
당근 1/4개
양파 1/2개
대파 1/2대
풋고추·홍고추 1개씩
식용유 2
청주 1
소금 약간

양념장 재료
고춧가루 2
고추장 3
간장 2
설탕 1
올리고당 1
다진 마늘 1
생강즙 0.3
참기름 1.5
통깨 1
후춧가루 약간

대체 식재료
돼지고기 앞다리살 ▶ 돼지고기 뒷다리살, 목살
생강즙 ▶ 생강가루 약간

Cooking Tip
제육볶음을 할 때에는 단단한 채소부터 넣고 익히다가, 대파와 고추를 넣어 마저 익히세요.

❶ 돼지고기는 한입 크기로 썰고 당근과 양파는 채 썰고 대파, 풋고추, 홍고추는 어슷하게 썬다.

❷ 볼에 돼지고기, 당근, 양파, 양념장 재료인 고춧가루 2, 고추장 3, 간장 2, 설탕 1, 올리고당 1, 다진 마늘 1, 생강즙 0.3, 참기름 1.5, 통깨 1, 후춧가루 약간을 넣고 버무려 30분 정도 재운다.

❸ 달군 팬에 식용유 2를 두르고 양념한 돼지고기를 넣어 볶는다.

❹ 돼지고기가 어느 정도 익으면 대파, 풋고추, 홍고추를 넣고 볶아 돼지고기를 마저 익힌다. 그릇에 밥을 담고 제육볶음을 적당량 올린다.

햄버그스테이크 덮밥

2인분(햄버그스테이크 4개분)
요리 시간 1시간

주재료
달걀 2개
밥 1공기+1/2공기
샐러드 채소 적당량
식용유 적당량

햄버그스테이크 재료
간 돼지고기 400g
다진 양파 3
다진 마늘 1
달걀 1/2개
빵가루 1/2컵
생강즙 0.5
설탕 약간
소금·후춧가루 약간씩

소스 재료
버터 15g
다진 양파 4
양송이버섯 3개
하이라이스가루 4
토마토케첩 4
스테이크 소스 1
설탕 0.5
후춧가루 약간
물 1컵

Cooking Tip
넉넉히 만들어 냉동 보관했다가 먹기 직전에 해동해서 구우면 간편해요.

❶ 돼지고기는 키친타월에 올려 핏물을 빼고 다진 양파는 달군 팬에 볶아 수분을 날리고 볼에 햄버그스테이크 재료와 함께 넣어 잘 치대어 30분 정도 숙성시킨다. 반죽을 4등분해 동글납작하게 빚는다.

❷ 냄비에 버터 15g을 녹여 다진 양파 4를 넣고 볶다가 양송이버섯 3개를 적당한 크기로 썰어 넣고 볶는다. 물 1컵에 하이라이스가루 4를 잘 풀어 붓고 토마토케첩 4, 스테이크 소스 1, 설탕 0.5, 후춧가루 약간을 넣고 약한 불에서 끓인다.

❸ 달군 팬에 식용유를 적당히 두르고 반죽을 넣어 겉면을 노릇하게 굽다가 180℃로 예열한 오븐에서 20분 정도 굽는다.

❹ 햄버그스테이크에 소스를 적당히 두르고 달걀 프라이를 얹고 밥과 샐러드 채소를 곁들인다.

⑯ 쇠고기 채소 카레덮밥

Cooking Tip
홀토마토가 없다면 토마토나 방울토마토로 대체해도 되는데 이때는 껍질을 벗기고 씨를 빼낸 다음 적당한 크기로 썰어 사용하세요. 물을 더 붓고 끓여 밥 위에 올리지 않으면 수프처럼 먹을 수 있어요.

2인분
요리 시간 1시간

대체 식재료
홀토마토 통조림 ▶ 토마토

주재료
밥 2공기
쇠고기 안심 120g
당근 1/2개
감자(작은 것) 1개
가지 1/2개
양파 1/3개
식용유 3
버터 15g

밀가루 15g
물 2컵
월계수 잎 1장
홀토마토 통조림 1컵
고형 커리 2조각
후춧가루 약간

쇠고기 밑간 재료
청주 1
소금·후춧가루 약간씩

❶ 쇠고기는 핏물을 빼고 청주 1, 소금과 후춧가루 약간씩으로 밑간하여 1.5cm 크기로 썰고 당근, 감자, 가지는 큼직하게 썰고 양파는 다진다.

❷ 달군 팬에 식용유 1을 두르고 쇠고기를 넣어 볶다가 겉면이 노릇하게 익으면 그릇에 담아둔다.

❸ 쇠고기를 볶은 팬에 식용유 2를 두르고 감자와 당근을 넣고 볶다가 가지를 넣고 볶은 다음 그릇에 담아둔다.

❹ 냄비에 버터 15g을 넣어 녹인 다음 다진 양파를 넣고 갈색이 나도록 볶다가 밀가루 15g을 넣고 잘 섞어 루를 만든다.

❺ 물 2컵을 붓고 월계수 잎을 넣고 끓이다가 물이 끓으면 쇠고기, 당근, 감자, 가지를 넣고 끓인다.

❻ 홀토마토와 고형 커리를 넣고 약한 불에서 20분 이상 끓이다가 월계수 잎을 건지고 후춧가루를 약간 뿌려 밥에 곁들인다.

⑰ 쇠고기 채소죽

2인분
요리 시간 40분

재료
쌀 1/2컵
쇠고기 50g
당근 30g
애호박 40g
표고버섯 1개
참기름 1
물 3컵
국간장 1
소금 약간
김가루 2
통깨 약간

Cooking Tip
당근과 애호박 대신 집에 있는 갖가지 채소를 활용하세요.

❶ 쌀은 깨끗이 씻어 20분 이상 불리고 쇠고기, 당근, 애호박, 표고버섯은 잘게 다진다.

❷ 달군 냄비에 참기름 1을 두르고 쇠고기를 넣어 볶다가 불린 쌀을 넣고 투명하게 볶는다.

❸ 당근, 애호박, 표고버섯을 넣고 볶다가 물 3컵을 붓고 끓인다.

❹ 쌀알이 푹 퍼지면 국간장 1과 소금으로 간하고 김가루 2와 통깨를 뿌린다.

2인분
요리 시간 40분

재료
쌀 1/2컵
물 3컵
볶은 검은깨 1/4컵
소금 약간
잣 약간

Cooking Tip
미리 볶아둔 깨가 없다면 달군 팬에 볶아서 사용하세요. 죽을 만들 때 소금을 일찍 넣으면 빨리 삭으므로 먹기 직전에 넣으세요.

⑱ 흑임자죽

❶ 쌀은 깨끗이 씻어 20분 이상 불려 믹서에 물 1컵을 부어 곱게 간다.

❷ 믹서에 볶은 검은깨와 물 1/2컵을 붓고 곱게 간다.

❸ 냄비에 곱게 간 쌀과 나머지 물 1컵+1/2컵을 붓고 바닥에 눌어붙지 않도록 나무주걱으로 저어가며 끓인다.

❹ 쌀알이 퍼지면 갈아둔 검은깨를 넣고 젓다가 먹기 직전에 소금으로 간하고 잣을 얹는다.

⑲ 잣죽

2인분
요리 시간 40분

재료
쌀 1/2컵
물 3컵
잣 1/4컵
소금 약간

Cooking Tip
쌀과 잣의 비율은 2:1이 적당해요.

❶ 쌀은 깨끗이 씻어 20분 이상 불려 믹서에 물 1컵을 넣어 곱게 간다.

❷ 잣은 고깔을 떼고 믹서에 물 1/2컵과 함께 넣어 곱게 간다.

❸ 냄비에 곱게 간 쌀과 나머지 물 1컵+1/2컵을 붓고 바닥에 눌어붙지 않도록 나무주걱으로 저어가며 끓인다.

❹ 쌀알이 퍼지면 갈아둔 잣을 넣고 먹기 직전에 소금으로 간한다.

2인분
요리 시간 40분

재료
찹쌀 1/2컵
전복 2개
전복 내장 1개분
물 3컵
참기름 1.5
국간장 0.5
소금 약간

Cooking Tip
전복 내장은 살아 있는 것만 사용하세요. 싱싱한 전복이라면 내장을 갈아 냉동실에 얼려두었다가 필요할 때마다 사용해도 좋아요.

⑳ 전복죽

❶ 찹쌀은 깨끗이 씻어 20분 이상 불린다.

❷ 전복은 솔로 살살 문질러가며 깨끗하게 씻어 껍데기와 살 사이에 숟가락을 넣고 살살 돌려가며 살을 빼내어 잘게 썬다. 전복 내장은 붉은색 이를 제거하고 체에 밭쳐 뜨거운 물을 끼얹어 믹서에 물 1/4컵을 함께 넣어 간다.

❸ 냄비에 참기름을 두르고 전복을 넣어 볶다가 전복이 익으면 불린 쌀을 넣고 주걱으로 잘 저어가며 볶는다.

❹ 쌀알이 투명해지면 나머지 물을 붓고 끓여 쌀이 익으면 갈아둔 전복 내장을 넣고 끓이다가 국간장 0.5와 소금으로 간한다.

01 콩나물국

2인분
요리 시간 30분

재료
콩나물 100g
풋고추 1/2개
홍고추 1/2개
대파 1/4대
멸치 다시마 육수 3컵
청주 1
다진 마늘 0.5
국간장 1
소금 약간

Cooking Tip
콩나물국을 끓일 때 청주를 약간 넣으면 콩나물의 비린내를 없앨 수 있어요. 콩나물을 익힐 때는 온도 차이가 생기면 비린내가 나므로 콩나물이 익지 않은 상태에서는 뚜껑을 열지 마세요.
(멸치 다시마 육수 내는 법은 14쪽 참조)

❶ 콩나물은 꼬리를 다듬어 깨끗이 씻는다.

❷ 풋고추와 홍고추는 송송 썰고 대파는 어슷하게 썬다.

❸ 냄비에 멸치 다시마 육수를 붓고 콩나물과 청주 1을 넣고 뚜껑을 덮어 센 불로 끓이다가 물이 끓으면 중간 불로 줄인다.

❹ 15분 정도 지나 콩나물이 익으면 다진 마늘 0.5를 넣고 5분 정도 끓이다가 국간장 1과 소금으로 간하고 고추와 대파를 넣고 한소끔 더 끓인다.

2인분
요리 시간 20분

재료
달걀 2개
팽이버섯 50g
실파 2대
홍고추 1/2개
멸치 다시마 육수 3컵
맛술 2
소금 약간
참기름 0.5

Cooking Tip
달걀을 넣고 너무 휘저으면 달걀국이 지저분해지므로 젓가락으로 살짝 젓고 손을 대지 마세요.
(멸치 다시마 육수 내는 법은 14쪽 참조)

② 달걀국

❶ 달걀은 곱게 풀고 팽이버섯과 실파는 4~5cm 길이로 썰고 홍고추는 송송 썬다.

❷ 냄비에 멸치 다시마 육수를 붓고 끓이다가 끓어오르면 맛술 2를 넣고 소금으로 간한다.

❸ 육수가 끓으면 불을 끄고 달걀을 돌려 붓고 젓가락으로 살짝 저어준 다음 불을 켠다.

❹ 팽이버섯을 넣고 한소끔 끓이다가 참기름 0.5를 두르고 실파와 홍고추를 넣는다.

③ 쇠고기 미역국

2인분
요리 시간 45분

주재료
쇠고기 양지 100g
마른미역 15g
참기름 1
물 4컵
국간장 0.5
소금 약간

쇠고기 양념 재료
국간장 0.5
참기름 0.5
다진 마늘 1
후춧가루 약간

대체 식재료
마른미역 ▶ 불린 미역 150g

Cooking Tip
미역국과 파는 궁합이 맞지 않으므로 미역국에는 파를 넣지 마세요.

❶ 쇠고기는 핏물을 뺀 다음 적당한 크기로 썰어 국간장 0.5, 참기름 0.5, 다진 마늘 1, 후춧가루 약간으로 양념해 20분 정도 재운다.

❷ 마른미역은 10분 정도 불려 비벼가며 깨끗이 씻은 다음 물기를 꼭 짜서 먹기 좋은 크기로 썬다.

❸ 달군 냄비에 참기름 1을 두르고 쇠고기를 넣고 센 불에서 1~2분 정도 볶다가 미역을 넣고 볶는다.

❹ 물 4컵을 붓고 중간중간 생기는 거품을 걷어가며 15분 이상 끓여 국간장 0.5와 소금으로 간한다.

04 쇠고기 뭇국

2인분
요리 시간 45분

주재료
쇠고기 양지 100g
무 150g
실파 2대
참기름 1
물 4컵
다진 마늘 1
국간장 0.5
소금·후춧가루 약간씩

쇠고기 양념 재료
국간장 0.5
참기름 0.5
다진 마늘 0.5
후춧가루 약간

Cooking Tip
국간장을 너무 많이 넣으면 색이 탁하므로 국간장으로는 색만 맞추고 소금으로 간하세요. 또 뭇국을 끓일 때 생기는 거품은 말끔히 걷어내야 국물 맛이 깔끔해요.

❶ 쇠고기는 핏물을 뺀 다음 납작하게 썰어 국간장 0.5, 참기름 0.5, 다진 마늘 0.5, 후춧가루 약간에 양념하여 20분 정도 재우고 무는 3cm 크기로 납작하게 썰고 실파는 송송 썬다.

❷ 달군 냄비에 참기름 1을 두르고 양념한 쇠고기를 넣어 센 불에서 1~2분 정도 볶는다.

❸ 물 4컵과 무를 넣어 센 불에서 끓이다가 물이 끓으면 중간 불로 줄이고 끓이는 도중 생기는 거품은 걷어가며 무가 무를 때까지 푹 끓인다.

❹ 다진 마늘 1을 넣고 끓이다가 국간장 0.5, 소금과 후춧가루로 간하고 송송 썬 실파를 넣는다.

⑤ 황태 해장국

2인분
요리 시간 30분

주재료
황태포 20g
두부 50g
대파 1/4대
달걀 1개
참기름 0.5
다시마 육수 3컵
국간장 0.5
소금·후춧가루 약간씩

황태포 양념 재료
다진 마늘 0.5
국간장 0.5
참기름 0.5

Cooking Tip
국간장을 많이 넣으면 국물색이 탁하므로 국간장으로는 색만 내고 소금으로 간하세요. 다시마 육수 대신 북어 대가리로 육수를 내도 좋아요.
(다시마 육수 내는 법은 14쪽 참조)

❶ 황태포는 물에 살짝 담갔다가 건져 물기를 짜고 적당한 크기로 찢어 다진 마늘 0.5, 국간장 0.5, 참기름 0.5에 버무린다. 두부는 1.5cm 크기로 썰고 대파는 어슷하게 썰고 달걀은 곱게 푼다.

❷ 달군 냄비에 참기름 0.5를 두르고 황태포를 넣어 달달 볶는다.

❸ 다시마 육수 3컵을 붓고 끓이다가 끓어오르면 국간장 0.5를 넣고 달걀을 풀어 돌려 붓는다.

❹ 두부를 넣고 한소끔 끓이다가 소금과 후춧가루로 간하고 대파를 넣어 한소끔 끓인다.

06 모시조갯국

2인분
요리 시간 10분

재료
모시조개 15개
다시마(5×5cm) 1장
물 3컵
청주 1
소금 약간

대체 식재료
모시조개 ▶ 바지락

Cooking Tip
조개는 오래 끓이면 질겨지니 껍데기가 입을 벌리면 바로 불을 끄고 소금을 약간만 넣어 간하세요.

❶ 모시조개는 옅은 소금 물에 담가 어두운 곳에서 2시간 정도 두어 해감하고 박박 문질러가며 씻는다.

❷ 다시마는 젖은 면포로 겉면을 닦아내고 냄비에 물 3컵을 붓고 모시조개와 함께 넣고 끓인다.

❸ 끓이는 도중 생기는 거품은 걷어낸다.

❹ 모시조개가 입을 벌리면 다시마를 건지고 청주 1을 넣고 소금으로 간한다.

⑦ 아욱 된장국

2인분
요리 시간 30분

재료
아욱 잎 60g
마른 새우 20g
다시마 육수 3컵
된장 3
다진 파 1.5
다진 마늘 1
국간장 1

대체 식재료
아욱 ▶ 근대

Cooking Tip
아욱은 바락바락 주물러가며 씻어야 풋내가 사라지고 연해요. 아욱 된장국 육수로 쌀뜨물을 활용해도 좋아요.
(다시마 육수 내는 법은 14쪽 참조)

❶ 아욱은 줄기를 꺾으면서 한쪽으로 잡아당겨 투명한 실 같은 얇은 껍질을 벗겨 그릇에 담고 손으로 푸른 물이 나오도록 바락바락 문질러 풋내를 제거한 다음 3~4cm 길이로 썬다.

❷ 마른 새우는 면포에 얹어 가볍게 문지른 다음 체에 담아 흔들어 지저분한 것을 털어낸다.

❸ 냄비에 다시마 육수를 붓고 마른 새우를 넣어 끓이다가 끓으면 된장 3을 넣고 푼다.

❹ 아욱 잎을 넣고 15분 이상 끓이다가 다진 파 1.5와 다진 마늘 1을 넣고 국간장 1로 간한다.

08 담백한 된장국

2인분
요리 시간 30분

주재료
두부 1/6모
불린 미역 50g(1/2컵)
실파 2대
일본 된장 3

가다랑어포 육수 재료
물 3컵
다시마(5×5cm) 1장
가다랑어포 1/2컵

대체 식재료
미역 ▶ 팽이버섯

Cooking Tip
일본 된장을 미소라 부르는데 요즘은 대형마트마다 판매해요. 일본 된장은 오래 끓이면 영양가가 사라지고 맛이 덜하므로 살짝만 끓이세요.

❶ 냄비에 물과 다시마를 넣고 끓이다가 물이 끓으면 1~2분 더 끓인 후 다시마를 건지고 가다랑어포를 넣은 다음 불을 끄고 5분 정도 두었다가 체에 걸러 가다랑어포 육수를 만든다.

❷ 두부는 1×1cm 크기로 썰고 불린 미역은 1cm 길이로 썰고 실파는 송송 썬다.

❸ 가다랑어포 육수에 일본 된장을 풀고 불린 미역을 넣고 5분 정도 끓인다.

❹ 국물이 끓어오르면 두부를 넣고 끓이다가 송송 썬 실파를 넣고 한소끔 끓인다.

09 오이 미역냉국

2인분
요리 시간 30분

주재료
오이 1/2개
불린 미역 50g(1/2컵)
실파 2대
다시마 육수 2컵
국간장 0.5
설탕 1
통깨 0.5
소금 약간
식초 2

오이 양념 재료
고춧가루 0.3
다진 마늘 0.3
통깨 약간
소금 약간

미역 양념 재료
고춧가루 0.3
다진 마늘 0.3
국간장 0.5

Cooking Tip
오이와 미역은 각각 간을 따로 해두어야 재료에 간이 잘 배요. 또 미역은 살짝 데쳐야 비린내가 나지 않아요. 식초를 미리 넣으면 오이의 색이 변하므로 식초는 먹기 직전에 넣으세요.

❶ 오이는 소금으로 문질러 씻어 채 썬다. 불린 미역은 끓는 물에 살짝 데쳐 찬물에 헹궈 물기를 꼭 짜서 잘게 썰고 실파는 송송 썬다.

❷ 오이와 미역은 각각 양념해 20분 정도 둔다.

❸ 다시마 육수에 국간장 0.5, 설탕 1, 통깨 0.5, 소금 약간을 넣어 섞는다.

❹ ③에 오이와 미역을 넣어 섞고 먹기 직전에 식초 2와 송송 썬 실파를 넣는다.

순두부찌개

2인분
요리 시간 30분

주재료
돼지고기 100g
바지락 10개
양파 1/4개
홍고추 1/2개
실파 1대
고추기름 1
물 2/3컵
순두부 1봉(300g)
소금 약간
참기름 0.5
달걀 1개

돼지고기 양념 재료
고춧가루 1.5
국간장 0.5
청주 1
다진 마늘 0.5
생강즙 약간
후춧가루 약간

Cooking Tip
순두부에서 물이 나오므로 순두부찌개를 끓일 때는 물을 적게 잡아야 해요. 순두부를 자잘하게 부수면 완성했을 때 지저분해 보이므로 순두부는 큼직하게 떠 넣으세요.

❶ 돼지고기는 얇게 썰어 고춧가루 1.5, 국간장 0.5, 청주 1, 다진 마늘 0.5, 생강즙과 후춧가루 약간씩으로 양념하여 잠시 재운다. 바지락은 해감하고 양파는 채 썰고 홍고추와 실파는 송송 썬다.

❷ 냄비에 고추기름 1을 두르고 돼지고기를 넣어 볶다가 돼지고기가 반 정도 익으면 양파를 넣고 볶는다.

❸ 물 2/3컵을 붓고 끓이다가 끓어오르면 바지락을 넣고 끓여 입을 벌리면 순두부를 큼직하게 떠서 넣는다.

❹ 중간중간 생기는 거품을 걷어가며 끓이다가 소금으로 간하고 참기름 0.5를 두르고 먹기 직전에 달걀을 넣어 살짝 익히고 홍고추와 실파를 넣는다.

⑪ 시래기 들깨탕

2인분
요리 시간 40분

주재료
삶은 시래기 100g
국물용 멸치 7마리
멸치 육수 4컵
된장 3
볶은 들깨가루 1/2컵
소금 약간

시래기 밑간 재료
다진 마늘 1
국간장 1.5

Cooking Tip
볶은 들깨가루는 취향에 따라 가감하세요. 미리 삶아둔 시래기라도 탕에 넣고 푹 익혀야 맛있어요. 멸치 육수에 멸치가루를 넣으면 담백한 감칠맛이 더해져요.
(멸치 육수 내는 법은 14쪽 참조)

❶ 삶은 시래기는 먹기 좋은 크기로 썰어 다진 마늘 1과 국간장 1.5를 넣어 밑간하고 멸치는 머리를 떼고 내장을 빼고 마른 팬에 볶아 비린내와 수분을 날려 분쇄기에 간다.

❷ 냄비에 멸치 육수를 붓고 멸치가루와 시래기를 넣어 끓인다.

❸ 된장 3을 풀어 넣고 끓인다.

❹ 20분 이상 끓여 시래기가 부드러워지면 볶은 들깨가루 1/2컵을 넣어 재료가 잘 어우러지도록 한소끔 끓이다가 소금으로 간한다.

알탕

2인분
요리 시간 30분

주재료
명란 200g
곤이 100g
무 100g
콩나물 80g
미나리 20g
쑥갓 1대
대파 1/4개
홍고추 1/2개
멸치 다시마 육수 3컵

양념 재료
고춧가루 1.5
고추장 1
국간장 2
청주 1
다진 마늘 1
생강즙 0.3
소금·후춧가루 약간씩

Cooking Tip
새우젓으로 간을 대신해도 좋아요.
(멸치 다시마 육수 내는 법은 14쪽 참조)

❶ 명란과 곤이는 소금물에 살살 흔들어 씻은 다음 흐르는 물에 씻어 물기를 뺀다.

❷ 무는 납작하게 썰고 콩나물은 꼬리를 다듬는다. 미나리는 4cm 길이로 썰고 쑥갓은 잎만 따서 찬물에 담가두고 대파와 홍고추는 어슷하게 썬다.

❸ 냄비에 무와 콩나물을 깔고 멸치 다시마 육수를 붓고 뚜껑을 덮어 5분 이상 끓이다가 명란, 곤이, 고춧가루 1.5, 고추장 1, 국간장 2, 청주 1, 다진 마늘 1, 생강즙 0.3, 소금과 후춧가루 약간씩을 넣고 풀어 중간 불에서 10분 이상 끓인다.

❹ 맛이 어우러지면 미나리, 대파, 고추를 넣고 한소끔 끓이다가 먹기 직전에 쑥갓을 얹는다.

⑬ 육개장

Cooking Tip
만드는 과정이 복잡한 육개장은 넉넉하게 만들어서 1인분씩 냉동 보관하면 국거리가 떨어졌을 때 요긴하게 활용할 수 있어요. 달걀은 국을 먹을 때마다 조금씩 풀어 넣어야 텁텁하지 않고 고사리와 토란대는 찬물에서 여러 번 씻고 데치는 과정을 거쳐야 아린 맛을 없앨 수 있어요.

2인분
요리 시간 1시간 30분

주재료
쇠고기 양지 150g
고사리 50g
토란대 50g
느타리버섯 40g
숙주 40g
대파 1/2대
달걀 1개
소금·후춧가루 약간씩

쇠고기 삶는 물 재료
물 5컵
마늘 2쪽
대파 1/4대
양파 1/4개
생강(작은 것) 1톨

양념 재료
고춧가루 3
물 2
고추장 0.5
국간장 2
참기름 1
다진 파 1.5
다진 마늘 1
식용유 2

❶ 쇠고기는 찬물에 담가 핏물을 뺀 다음 물 5컵에 마늘 2쪽, 대파 1/4대, 양파 1/4개, 생강 1톨을 넣고 중간중간 거품을 걷어내며 20분 이상 삶아 고기는 건지고 국물은 체에 거른다.

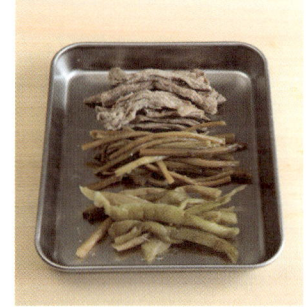
❷ 쇠고기는 결대로 찢고 고사리는 다듬어 먹기 좋은 크기로 썰어 찬물에 잠시 담가둔다. 토란대는 먹기 좋은 크기로 찢고 고사리와 토란대는 각각 끓는 물에 살짝 데쳐 찬물에서 주물러 씻는다.

❸ 느타리버섯은 끓는 소금물에 살짝 데쳐 적당한 크기로 찢고 숙주는 다듬어 살짝 데쳐 찬물에 헹군다. 대파는 5~6cm 길이로 썰어 길이로 반 잘라 살짝 데쳐 찬물에 헹군다.

❹ 고춧가루 3은 물 2를 넣고 개어 달군 팬에 식용유 2를 두르고 살짝 볶는다. 볼에 쇠고기, 고사리, 토란대, 느타리버섯을 담고 개어둔 고춧가루와 나머지 양념 재료를 넣고 조물조물 버무려 10분 이상 둔다.

❺ 쇠고기 삶은 국물을 냄비에 넣고 끓어오르면 양념한 재료를 넣고 20분 이상 끓이다가 숙주와 대파를 넣고 푹 끓인다.

❻ 20분 정도 지나 재료가 국물과 잘 어우러지면 불을 줄이고 달걀을 풀어 조금씩 부어가며 끓이다가 소금과 후춧가루로 간한다.

⑭ 바지락 강된장

Cooking Tip
멸치가루, 표고버섯가루, 다시마가루 등 집에서 만든 천연조미료를 넣으면 감칠맛이 더해져요.
호박 잎, 아욱 잎, 양배추 등을 쪄서 강된장을 넣고 쌈밥을 만들어 먹으면 별미예요.
(멸치 다시마 육수 내는 법은 14쪽 참조)

2인분
요리 시간 30분

주재료
바지락살 80g
양파 1/4개
애호박 30g
표고버섯 1개
풋고추 1개
홍고추 1개
대파 1/4대
마늘 1쪽

양념 재료
참기름 1
멸치 다시마 육수 1컵
된장 3.5
고추장 0.5
고춧가루 0.5
꿀 0.5

❶ 바지락살은 옅은 소금물에 살살 흔들어 씻은 다음 물기를 빼고 대강 다진다.

❷ 양파, 애호박, 표고버섯은 다지고 풋고추, 홍고추, 대파, 마늘은 곱게 다진다.

❸ 냄비에 참기름 1을 두르고 양파, 애호박, 표고버섯, 바지락살 순으로 볶는다.

❹ 멸치 다시마 육수 1컵, 된장 3.5, 고추장 0.5, 고춧가루 0.5, 꿀 0.5를 넣고 바글바글 끓여 국물이 자작해져 걸쭉해지면 풋고추, 홍고추, 대파, 마늘을 넣고 약한 불에서 3분 정도 더 끓인다.

① 오징어포무침

2인분
요리 시간 15분

주재료
오징어포 100g

양념 재료
고추장 2.5
마요네즈 1
설탕 0.5
물엿 1
맛술 1
참기름 0.5
통깨 0.3

Cooking Tip
오징어포는 물에 오래 씻으면 맛있는 맛이 다 빠져나가므로 오징어포가 수분을 살짝 머금을 정도로만 재빨리 씻어 타월에 얹어 여분의 물기를 제거하고 요리하세요.

❶ 오징어포는 물에 재빨리 씻어 키친타월에 얹어 물기를 제거한다.

❷ 오징어포는 손으로 가늘게 찢는다.

❸ 달군 팬에 고추장 2.5, 마요네즈 1, 설탕 0.5, 물엿 1, 맛술 1, 참기름 0.5를 넣어 끓이다가 오징어포를 넣고 골고루 버무린다.

❹ 오징어포에 통깨 0.3을 뿌린다.

2인분
요리 시간 35분

주재료
오이지 2개
실파 2대

양념 재료
고춧가루 1
설탕 0.3
참기름 1
통깨 0.5

Cooking Tip
오이지의 짠맛을 빨리 없애려면 오이지를 담가둔 물을 중간에 한번 갈아주세요. 또 오이지에 물기가 없어야 양념이 겉돌지 않고 아삭한 식감이 살아나므로 면포로 물기를 꼭 짠 다음 양념에 버무리세요.

오이지무침

❶ 오이지와 실파는 송송 썬다.

❷ 오이지는 물에 30분 이상 담가 짠맛을 제거한다.

❸ 오이지는 면포에 넣어 물기를 꼭 짠다.

❹ 볼에 오이지, 실파, 고춧가루 1, 설탕 0.3, 참기름 1, 통깨 0.5를 넣고 조물조물 무친다.

③ 가지 들깨무침

2인분
요리 시간 15분

주재료
가지 1개
소금 약간

양념 재료
볶은 들깨가루 2
국간장 0.5
들기름 1

Cooking Tip
가지는 푹 찌면 흐물흐물하고 질척해지므로 3분 정도만 찌세요. 또 찜통에 가지 껍질이 아래쪽으로 가도록 얹으세요.

❶ 가지는 길이로 반 갈라 4등분해 안쪽에 소금을 약간 뿌린다.

❷ 김이 오른 찜통에 가지 껍질이 아래로 가도록 올리고 3분 정도 찐다.

❸ 가지는 한 김 식혀 살짝 물기를 짜고 굵직하게 찢는다.

❹ 가지에 볶은 들깨가루 2, 국간장 0.5, 들기름 1을 넣고 무친다.

2인분
요리 시간 20분
(꼬막 해감하는 시간 1시간)

주재료
꼬막 30개
소금 약간

양념 재료
꼬막 삶은 물 2
다진 파 1
다진 마늘 0.5
다진 풋고추 1
다진 홍고추 1
고춧가루 1
간장 3
설탕 0.5
참기름 0.5
통깨 0.3

Cooking Tip
꼬막 등 조개류는 오래 삶으면 질겨지므로 입이 벌어지면 바로 건지세요.

꼬막무침

❶ 꼬막은 옅은 소금물에 담가 어두운 곳에 1시간 이상 두어 해감하고 흐르는 물에서 박박 비벼가며 깨끗하게 씻는다.

❷ 끓는 물에 꼬막을 넣고 입이 벌어지면 건져 껍데기 한쪽을 뗀다.

❸ 꼬막 삶은 물 2, 다진 파 1, 다진 마늘 0.5, 다진 풋고추 1, 다진 홍고추 1, 고춧가루 1, 간장 3, 설탕 0.5, 참기름 0.5, 통깨 0.3을 섞어 양념장을 만든다.

❹ 그릇에 꼬막을 담고 양념장을 적당량씩 올린다.

⑤ 애호박볶음

2인분
요리 시간 20분

재료
애호박 1/2개
새우젓 0.5
식용유 1
다진 마늘 0.5
물 2
통깨 약간

Cooking Tip
새우젓은 적은 양만 넣어도 짠맛이 강하므로 처음부터 많은 양을 넣지 마세요. 새우젓은 아주 곱게 다져 사용해야 재료에 간이 골고루 배어요. 애호박을 오래 볶을 때는 호박씨를 살짝 도려내면 흐물거리지 않아요.

❶ 애호박은 0.5cm 두께로 반달 모양으로 썰고 새우젓은 아주 곱게 다진다.

❷ 애호박에 다진 새우젓을 넣고 잘 섞어 10분 이상 절인다.

❸ 달군 팬에 식용유 1을 두르고 애호박을 넣어 볶다가 다진 마늘 0.5와 물 2를 넣고 볶는다.

❹ 통깨를 약간 뿌린다.

2인분
요리 시간 20분

주재료
마른 새우 30g
마늘종 70g
식용유 1

양념 재료
간장 1
설탕 0.3
물엿 0.5
청주 1
물 1
통깨 0.5

Cooking Tip
마른 새우는 기름을 두르지 않은 팬에 2~3분 정도 살짝 볶으면 비린내가 사라져요.

06

마른 새우 마늘종볶음

❶ 마늘종은 4cm 길이로 썬다.

❷ 마른 새우는 면포에 얹어 가볍게 문지른 다음 체에 담고 흔들어 지저분한 것을 털어내고 기름을 두르지 않은 팬에 살짝 볶는다.

❸ 달군 팬에 식용유 1을 두르고 마늘종을 넣어 약한 불에서 2~3분 정도 볶는다.

❹ 마른 새우, 간장 1, 설탕 0.3, 물엿 0.5, 청주 1, 물 1을 넣고 약한 불에서 5분 정도 볶다가 통깨 0.5를 뿌린다.

⑦ 멸치 호두볶음

2인분
요리 시간 20분

주재료
잔멸치 50g
호두 10개

양념 재료
간장 1
설탕 1
물엿 1.5
맛술 1
식용유 1
통깨 0.5

대체 식재료
호두 ▶ 아몬드, 잣 등 견과류

Cooking Tip
멸치볶음에 각종 견과류를 넣어 볶으면 고소한 맛이 더해지고 영양도 챙길 수 있어요. 멸치는 기본적으로 짭조름한 맛이 배어 있으므로 간을 약하게 하세요.

❶ 잔멸치는 체에 담아 살살 털어 잔가시와 이물질을 없앤 다음 마른 팬에 볶고 호두도 마른 팬에 볶는다.

❷ 호두는 굵직굵직하게 자른다.

❸ 팬에 식용유 1, 간장 1, 설탕 1, 맛술 1을 넣고 바글바글 끓여 잔멸치를 넣고 2분 정도 볶는다.

❹ 호두를 넣고 2~3분 더 볶다가 물엿 1.5를 넣고 마지막에 통깨를 뿌리고 넓은 그릇에 펼쳐 식힌다.

08 두부조림

2인분
요리 시간 25분

주재료
두부 1/2모
소금 약간
실파 2대
홍고추 1/2개
식용유 1

조림장 재료
다시마 육수 1/3컵
다진 파 1
다진 마늘 0.5
고춧가루 0.5
간장 2
설탕 0.5
참기름 0.3
통깨 약간

Cooking Tip
두부는 소금을 약간 뿌려두었다가 물기를 제거하고 노릇하게 구운 다음 조림장을 붓고 끓여야 쉽게 부서지지 않고 간도 잘 배어요.

❶ 두부는 3×4×1cm 크기로 썰어 소금을 약간 뿌려 5분 정도 두었다가 키친타월에 얹어 물기를 제거한다. 실파는 어슷하게 썰고 홍고추는 송송 썬다.

❷ 다시마 육수 1/3컵, 다진 파 1, 다진 마늘 0.5, 고춧가루 0.5, 간장 2, 설탕 0.5, 참기름 0.3, 통깨 약간을 섞어 조림장을 만든다.

❸ 달군 팬에 식용유 1을 두르고 두부를 노릇하게 앞뒤로 굽는다.

❹ 팬에 조림장을 붓고 두부에 끼얹어가며 약한 불로 끓이다가 국물이 자작해지면 실파와 홍고추를 넣는다.

09 쇠고기 장조림

2인분
요리 시간 1시간 30분

주재료
쇠고기 홍두깨 400g
메추리알 20개
물 3컵+1/2컵
마늘 8쪽
생강 2톨(10g)
마른 고추 2개
간장 8
설탕 4

대체 식재료
쇠고기 홍두깨 ▶ 쇠고기 우둔

Cooking Tip
장조림으로는 홍두깨, 우둔, 사태 등 여러 부위를 사용하는데 홍두깨나 우둔을 사용하면 쭉쭉 잘 찢어져요. 조릴 때 처음부터 간장을 넣고 삶으면 고기가 딱딱해지므로 고기를 먼저 삶아 익힌 다음 간장과 설탕을 넣어 조리세요.

❶ 쇠고기는 큼직하게 잘라 찬물에 30분 이상 담가 핏물을 빼고 메추리알은 10분 정도 삶아 껍질을 깐다.

❷ 냄비에 물 3컵+1/2컵과 쇠고기를 넣고 중간중간 거품을 걷어가며 중간 불에서 20분 정도 끓인다.

❸ 메추리알, 마늘, 생강, 마른 고추, 간장 8, 설탕 4를 넣고 약한 불에서 25분 이상 끓인다.

❹ 장조림이 한 김 식으면 생강과 마른 고추는 건져내고 쇠고기는 손으로 찢는다.

⑩ 고등어 무조림

2인분
요리 시간 50분

주재료
고등어 1마리
쌀뜨물 적당량
소금 약간
무 250g
대파 1/3대
풋고추 1개
홍고추 1/2개

조림장 재료
물 3/4컵
다진 마늘 1.5
생강즙 0.3
고춧가루 3
간장 3
설탕 1.5
청주 2
참기름 1

대체 식재료
고등어 ▶ 삼치, 갈치

Cooking Tip
고등어는 쌀뜨물이나 막걸리, 우유 등에 잠시 담가두면 비린내를 제거할 수 있어요. 무를 너무 두껍게 썰면 잘 익지 않으므로 적당한 두께로 썰어야 하는데 무를 살짝 삶아서 넣어도 좋아요.

❶ 고등어는 손질하여 적당한 크기로 잘라 쌀뜨물에 20분 정도 담가두었다가 소금을 살짝 뿌린다.

❷ 무는 1.5cm 두께의 반달 모양으로 썰고 대파, 풋고추, 홍고추는 어슷하게 썬다.

❸ 냄비에 무를 깔고 고등어를 올리고 물 3/4컵, 다진 마늘 1.5, 생강즙 0.3, 고춧가루 3, 간장 3, 설탕 1.5, 청주 2, 참기름 1을 섞어 넣고 센 불에서 끓이다가 국물이 끓으면 약한 불에서 은근하게 졸인다.

❹ 간이 잘 배도록 양념장을 끼얹어가며 끓이다가 20분 정도 지나 국물이 자작해지면 대파, 풋고추, 홍고추를 넣고 5분 정도 더 끓인다.

⑪ 우엉조림

2인분
요리 시간 20분

주재료
우엉 150g
들기름 1
식용유 1

조림장 재료
간장 2
맛술 1
설탕 1
물 4
물엿 1
검은깨 0.5

대체 식재료
우엉 ▶ 연근

Cooking Tip
우엉을 처음부터 양념장에 넣어 조리지 않고 기름을 두른 팬에 넣어 볶다가 양념장을 넣고 조려야 맛이 더 고소해요.

❶ 우엉은 칼등으로 껍질을 벗기고 어슷하게 썬다.

❷ 팬을 달구어 들기름 1과 식용유 1을 두르고 우엉을 넣어 볶는다.

❸ 간장 2, 맛술 1, 설탕 1, 물 4를 섞어 붓고 약한 불에서 10분 정도 조린다.

❹ 양념이 자작해지면 물엿 1을 넣고 섞다가 검은깨 0.5를 뿌린다.

2인분
요리 시간 30분
(콩 불리는 시간 2시간)

주재료
검은콩 1컵
물 2컵

조림장 재료
간장 1/4컵
설탕 2
물엿 1.5
통깨 1

Cooking Tip
콩을 불린 물을 사용하면 더 고소해요. 10분 정도 삶으면 콩 익는 냄새가 나며 살캉거릴 정도로 익어요.

⑫ 콩자반

❶ 콩은 씻어 물 2컵을 붓고 2시간 이상 불린다.

❷ 냄비에 불린 콩과 물을 그대로 붓고 콩 익는 냄새가 나며 살캉거릴 정도로만 삶는다.

❸ 간장 1/4컵을 넣고 3~4분 정도 센 불에서 조리다가 설탕 2를 넣고 약한 불로 줄여 국물이 자작해질 때까지 졸인다.

❹ 국물이 자작해지면 물엿 1.5를 넣고 섞은 다음 통깨 1을 넣는다.

⑬ 무생채

2인분
요리 시간 20분

주재료
무 150g
고운 고춧가루 1
설탕 약간
소금 약간

양념 재료
다진 파 1
다진 마늘 0.5
생강즙 약간
고운 고춧가루 0.5
설탕 0.5
2배 식초 0.5
통깨 0.3

대체 식재료
소금 ▶ 멸치액젓

Cooking Tip
무생채를 만들 때 생강즙을 약간 넣으면 무의 아린 맛이 제거되고, 일반 식초 대신 2배 식초를 사용하면 물이 생기는 것을 줄일 수 있어요. 2배 식초를 0.5 넣었다면 일반 과일식초나 현미식초는 1을 넣으면 돼요.

❶ 무는 7cm 길이로 채 썬다.

❷ 무에 고운 고춧가루 1과 설탕과 소금 약간씩을 넣고 10분 정도 두었다가 손으로 물기를 가볍게 짠다.

❸ 다진 파 1, 다진 마늘 0.5, 생강즙 약간, 고운 고춧가루 0.5, 설탕 0.5, 2배 식초 0.5, 통깨 0.3을 골고루 섞어 무에 넣는다.

❹ 조물조물 버무려 무친다.

2인분
요리 시간 20분

주재료
깻잎 25장

양념장 재료
다진 파 2
다진 마늘 1
고춧가루 1.5
간장 3
설탕 0.5
참기름 0.5
통깨 0.3
물 1

Cooking Tip
깻잎에 한 장씩 양념장을 바르면 너무 짜므로 깻잎을 2~3장씩 겹쳐서 양념장을 바르세요. 너무 오래 찌면 흐물흐물해지고 색감이 예쁘지 않으므로 5분 이내로 찌세요. 양념장을 바른 깻잎을 그릇에 담아 전자레인지에 넣고 2~3분 정도 돌려도 돼요.

⑭ 깻잎찜

❶ 깻잎은 한 장씩 깨끗이 씻어 물기를 뺀다.

❷ 다진 파 2, 다진 마늘 1, 고춧가루 1.5, 간장 3, 설탕 0.5, 참기름 0.5, 통깨 0.3, 물 1을 섞어 양념장을 만든다.

❸ 깻잎을 2~3장씩 겹쳐 양념장을 켜켜이 바른다.

❹ 양념장을 바른 깻잎을 그릇에 담아 김이 오른 찜통에 올려 5분 정도 찐다.

⑮ 북어구이

2인분
요리 시간 50분

주재료
북어 1마리
다시마 육수 1컵
식용유 1

유장 재료
간장 0.5
참기름 1.5

양념장 재료
다진 파 1
다진 마늘 0.5
다진 생강 약간
고추장 1.5
간장 1.5
설탕 1
청주 0.5
참기름 0.5
통깨 0.3
물 1

Cooking Tip
북어포는 구우면 많이 오그라 들기 때문에 크게 자르세요. 북어 대가리는 버리지 말고 육수를 낼 때 활용하세요.

❶ 북어는 대가리를 자르고 배를 가른 다음 펼쳐 뼈와 잔가시를 제거하여 칼등으로 살살 두드리고 3등분한다.

❷ 다시마 육수에 북어를 10분 정도 담가두었다가 물기를 짠다.

❸ 간장 0.5, 참기름 1.5를 섞어 북어에 발라 20분 정도 재운다.

❹ 석쇠에 식용유를 바르거나 달군 팬에 식용유를 두르고 북어 껍질이 아래로 가게 해서 굽다가 다진 파 1, 다진 마늘 0.5, 다진 생강 약간, 고추장 1.5, 간장 1.5, 설탕 1, 청주 0.5, 참기름 0.5, 통깨 0.3, 물 1을 섞어 덧발라가며 굽는다.

2인분
요리 시간 20분

주재료
뱅어포 2장

양념장 재료
고추장 3
간장 0.5
설탕 0.5
물엿 0.5
맛술 2
참기름 0.5
통깨 0.3
물 1

Cooking Tip
실치를 건조시켜 만든 뱅어포는 멸치보다 칼슘이 많아 골다공증 예방과 뼈 건강에 도움이 돼요. 뱅어포를 마른 팬에 넣어 살짝 구워두었다가 양념장을 발라 구우면 비린내도 제거되고 식감도 더 바삭해요.
남은 뱅어포는 실온에 두면 색상이 노릇하게 변하고 딱딱해져 맛이 떨어지므로 반드시 냉장 보관하세요.

⑯ 뱅어포구이

❶ 팬을 달구어 기름을 두르지 말고 뱅어포를 노릇하게 굽는다.

❷ 고추장 3, 간장 0.5, 설탕 0.5, 물엿 0.5, 맛술 2, 참기름 0.5, 통깨 0.3, 물 1을 섞어 양념장을 만든다.

❸ 뱅어포에 양념장을 발라 약한 불에서 살짝 굽는다.

❹ 한 김 식으면 먹기 좋은 크기로 자른다.

Part 2

참 간단한
초대 밥상 80

Chapter 1 간단한 요깃거리

Chapter 2 수프와 샐러드

Chapter 3 해산물과 생선 요리

Chapter 4 육류 요리

Chapter 5 밥과 면 요리

Chapter 6 곁들임 요리

Chapter 7 디저트와 음료

01 연어 오이롤

4인분
요리 시간 30분

주재료
훈제연어 슬라이스 2팩(400g)
오이 1개
양상추 1/3통
무순 적당량
케이퍼 2

양파 드레싱 재료
다진 양파 3
홀스래디시 소스 2
마요네즈 2
씨 머스터드 1
꿀 1
레몬즙 1
소금·후춧가루 약간씩

대체 식재료
홀스래디시 ▶ 고추냉이

Cooking Tip
마트 또는 백화점에서 '홀스래디시'와 '홀스래디시 소스'로 판매되는데 양파 드레싱에 활용한 것은 '홀스래디시 소스'로 서양 고추냉이라고도 불리는 기본 홀스래디시에 여러 양념이 가미됐어요. 매콤한 '홀스래디시'를 사용한다면 분량을 줄이고 마요네즈와 꿀을 더 넣으세요.

❶ 훈제연어는 해동하고 오이는 채썰기 필러로 길게 벗겨낸다.

❷ 양상추는 흐르는 물에 씻어 한입 크기로 뜯어 찬물에 담가두었다가 먹기 직전에 물기를 빼고 무순도 찬물에 담가둔다.

❸ 다진 양파 3, 홀스래디시 소스 2, 마요네즈 2, 씨 머스터드 1, 꿀 1, 레몬즙 1, 소금과 후춧가루 약간씩을 섞어 양파 드레싱을 만든다.

❹ 훈제연어 위에 오이를 깔고 무순을 얹은 다음 돌돌 말아 양상추 위에 올리고 양파 드레싱을 끼얹고 케이퍼를 두어 개씩 올린다.

라이스페이퍼롤

4인분
요리 시간 40분

주재료
닭 가슴살 3조각
청주 1
소금 약간
쌀국수(버미셀리) 100g
당근 1/2개
적양배추 1/6통
오이 1개
라이스페이퍼 10장

소스 재료
다진 마늘 0.5
다진 풋고추 2
다진 홍고추 1
피시 소스 2
올리고당 0.5
식초 1.5
라임즙 0.5
물 4

대체 식재료
라임즙 ▶ 레몬즙

Cooking Tip
동남아 요리에 자주 등장하는 피시 소스는 해산물에 소금을 넣고 발효시켜 액체만 걸러낸 소스로 멸치액젓과 비슷해요. 라이스페이퍼롤을 만들 때에는 가장 면발이 얇은 버미셀리를 사용하세요.

❶ 끓는 물에 청주 1과 소금 약간을 넣고 닭고기를 10분 정도 삶은 다음 불을 끄고 남은 열로 닭고기를 익혀 꺼내어 한 김 식히고 적당한 크기로 찢어 젖은 면포로 덮어둔다. 쌀국수는 끓는 물에 3~4분 정도 삶아 체에 밭친다.

❷ 당근과 적양배추는 채 썰고 오이는 돌려 깎기해 씨를 제거하고 채 썬다.

❸ 다진 마늘 0.5, 다진 풋고추 2, 다진 홍고추 1, 피시 소스 2, 올리고당 0.5, 식초 1.5, 라임즙 0.5, 물 4를 섞어 피시 소스를 만든다.

❹ 라이스페이퍼는 미지근한 물에 잠시 담갔다가 부드러워지면 꺼내 물기를 빼고 닭 가슴살, 쌀국수, 당근, 오이, 적양배추를 넣고 돌돌 말아 먹기 좋은 크기로 썰고 피시 소스를 곁들인다.

03 어니언 링

4인분
요리 시간 30분

주재료
양파 2개
달걀 2개
우유 3
소금 약간
박력분 2/3컵
카레가루 4
빵가루 2컵
파슬리가루 1.5
튀김기름 적당량

소스 재료
토마토케첩 4
스위트칠리 소스 3
핫소스 0.5

대체 식재료
양파 ▶ 오징어

Cooking Tip
양파에 튀김옷을 꼼꼼하게 묻혀야 튀김옷이 잘 벗겨지지 않아요. 어니언 링은 너무 큰 것과 너무 작은 것은 사용하지 않고 적당한 크기의 가운데 부분을 사용해야 모양이 예쁘니 손님상에는 비슷한 크기만 내세요.

❶ 양파는 1.5cm 두께로 썰어 속 알맹이는 사용하지 않고 겉 부분만 한 장씩 떼어둔다.

❷ 달걀은 알끈을 제거하여 잘 풀고 우유와 소금을 넣어 섞고 박력분과 카레가루, 빵가루와 파슬리가루를 각각 섞는다.

❸ 양파는 밀가루, 달걀물, 빵가루 순으로 꼼꼼하게 눌러가며 튀김옷을 입힌다.

❹ 튀김기름을 달구어 빵가루를 조금 넣었을 때 빵가루가 서서히 떠오르면서 노릇해지면 양파를 넣고 노릇하게 튀긴다. 소스 재료인 토마토케첩 4, 스위트칠리 소스 3, 핫소스 0.5를 섞어 곁들인다.

4인분
요리 시간 40분

주재료
새우살 200g
피망 2/3개
양파 1/2개
숙주 40g
식용유 적당량
굴소스 1
설탕 약간
소금·후춧가루 약간씩
춘권피 15장
밀가루풀 2(밀가루 1+물 1.5)
튀김기름 적당량
스위트칠리 소스 적당량

새우 밑간 재료
청주 1
소금·후춧가루 약간씩

대체 식재료
춘권피 ▶ 만두피
새우 ▶ 돼지고기

Cooking Tip
소 재료로 새우 대신 바나나, 단호박 등을 넣어 튀겨도 맛있어요. 새우는 굵직하게 다져야 씹히는 식감이 좋아요.

새우 춘권피 롤튀김

❶ 새우살은 굵직하게 다져 청주 1, 소금과 후춧가루 약간씩을 넣어 밑간하고 피망과 양파는 곱게 다지고 숙주는 꼬리를 떼어 다진다.

❷ 팬을 달구어 식용유를 두르고 양파를 넣어 살짝 볶다가 새우를 넣고 다시 볶다가 피망과 숙주를 넣고 볶는다. 새우가 익으면 굴소스 1, 설탕과 소금, 후춧가루 약간씩을 넣어 간한다.

❸ 춘권피는 해동하여 한 장씩 떼어 ②를 적당히 올리고 끝부분에 밀가루풀을 바르고 돌돌 만다.

❹ 180℃의 튀김 기름에 새우 춘권피롤을 노릇하게 튀겨 여분의 기름을 빼고 스위트칠리 소스를 곁들인다.

05 모둠 꼬치구이

4인분
요리 시간 30분

주재료
은행 18알
식용유 적당량
소금 약간
아스파라거스 6대
마늘 12쪽
베이컨 6줄
열빙어 8마리

깨소금 재료
통깨 1
소금 1

대체 식재료
아스파라거스 ▶ 마늘종

Cooking Tip
식사 전후에 간단한 술안주로 내놓으면 좋은 메뉴예요. 각각의 재료가 식으면 맛이 없고 딱딱해지니 미리 밑 손질만 해두고 손님이 오기 전에 바로 구워 상에 내놓으세요. 열빙어는 시샤모란 이름으로 판매되기도 해요.

❶ 팬을 달구어 식용유를 두르고 은행을 넣고 볶다가 소금을 약간 뿌리고 껍질이 벗겨지면 키친타월에 얹어 비벼가며 껍질을 벗긴다. 아스파라거스는 필러로 껍질을 한 겹 벗긴 다음 끓는 소금물에 살짝 데쳐 5cm 길이로 썬다.

❷ 마늘은 끓는 소금물에 3~4분 정도 익혀 물기를 빼고 달군 팬에 식용유를 두르고 굴려가며 노릇하게 굽다가 소금을 뿌린다. 베이컨은 반으로 잘라 아스파라거스를 2개씩 넣고 돌돌 말아 달군 팬에 노릇하게 굽는다.

❸ 열빙어는 해동하여 식용유를 두른 팬에 노릇하게 굽다가 소금을 뿌린다.

❹ 꼬치에 마늘 2쪽, 은행 3알, 아스파라거스 베이컨 말이 2개를 꿰고, 열빙어도 꼬치에 꿰어 접시에 골고루 담고 통깨 1과 소금 1을 섞어 곁들인다.

4인분
요리 시간 40분

주재료
춘권피 6장
식용유 2
호박씨 1

단호박 샐러드 재료
단호박 200g
마요네즈 2
설탕 1
아몬드 슬라이스 10g
계핏가루 약간
소금 약간

대체 식재료
단호박 ▶ 고구마

Cooking Tip
춘권피를 구하기 어렵다면 만두피나 토르티야로 컵을 만들어도 돼요.

⑥ 단호박 춘권피컵 카나페

❶ 춘권피는 4등분하여 식용유를 살짝 바른 머핀 틀에 한 장씩 담고 180℃로 예열한 오븐에서 10분 정도 굽는다.

❷ 단호박은 푹 쪄서 뜨거울 때 으깬다.

❸ 단호박에 마요네즈 2, 설탕 1, 아몬드 슬라이스 10g, 계핏가루와 소금을 약간씩 넣고 섞어 단호박 샐러드를 만든다.

❹ 춘권피컵에 단호박 샐러드를 담고 호박씨를 뿌린다.

07 두 가지 브루스케타

4인분
요리 시간 1시간 20분

파프리카 브루스케타 재료
빨강 파프리카 1개
노랑 파프리카 1개
바게트 1/2개
마늘 2쪽
올리브오일 2
다진 양파 2
엑스트라 버진 올리브오일 1.5
화이트 와인 비네거 1
설탕 0.5
소금·후춧가루 약간씩

브리치즈 브루스케타 재료
사과 1/2개
설탕물 적당량
브리치즈 1팩
바게트 1/2개
크림치즈 2
꿀 2

대체 식재료
브리치즈 ▶ 카망베르치즈
바게트 ▶ 비스킷

Cooking Tip
파프리카는 오븐에 새까맣게 굽거나 꼬치에 꿰어 불에 직접 그을려 껍질을 벗겨 사용하세요.

[파프리카 브루스케타 만들기]

❶ 오븐팬에 빨강 파프리카와 노랑 파프리카를 놓고 올리브오일 2를 뿌려 200℃로 예열한 오븐에서 1시간 정도 새까맣게 구워 얼음물에 담가 껍질을 벗겨 씨를 제거하고 잘게 채 썬다.

❷ 바게트는 노릇하게 구워 마늘을 문질러 마늘 향을 내고 파프리카에 다진 양파 2, 엑스트라 버진 올리브오일 1.5, 화이트 와인 비네거 1, 설탕 0.5, 소금과 후춧가루 약간씩을 섞어 바게트에 올린다.

[브리치즈 브루스케타 만들기]

❶ 사과는 껍질째 깨끗이 씻어 반달 모양으로 얇게 썰어 설탕물에 담그고 브리치즈는 케이크 조각 모양으로 썬다.

❷ 바게트는 노릇하게 구워 크림치즈를 바르고 사과와 브리치즈를 얹고 꿀을 약간씩 뿌린다.

비프 나초

08

4인분
요리 시간 40분

주재료
다진 쇠고기 200g
소금·후춧가루 약간씩
키드니빈스 2/3컵
토마토 1개
슬라이스치즈 4장
할라피뇨 슬라이스 12쪽
실파(잎 부분) 2대
올리브오일 4
설탕 1
핫소스 1.5
나초 200g

곁들임 딥 재료
사워크림 적당량
살사소스 적당량

대체 식재료
키드니빈스 ▶ 완두콩, 베이크드빈스 등 통조림 콩, 삶은 강낭콩

Cooking Tip
간단하면서도 인기가 많은 술 안주 메뉴예요. 베이컨 칩을 뿌리고 모차렐라치즈를 잔뜩 얹어 구워도 맛있어요. 키드니빈스는 신체의 일부인 신장(Kidney)을 닮았다고 해서 이 름 붙여진 붉은 강낭콩으로 통조림 제품을 구입할 수 있 어요.

❶ 다진 쇠고기는 핏물을 빼서 소금과 후춧가루로 밑간하고 키드니빈스는 물기를 빼고 끓는 물을 끼얹는다. 토마토는 씨를 빼고 1cm 두께로 썰어 소금을 약간 뿌리고 슬라이스치즈는 잘게 썰고 할라피뇨는 다지고 실파는 송송 썬다.

❷ 팬을 달구어 올리브오일 2를 두르고 쇠고기를 넣고 젓가락으로 흐트러뜨리며 1~2분 볶다가 키드니빈스를 넣어 으깨고 설탕 1과 핫소스 1.5를 넣고 버무리듯 볶아 소금과 후춧가루로 간한다.

❸ 그릇에 나초를 담고 쇠고기 키드니빈스볶음, 토마토, 할라피뇨, 슬라이스치즈를 얹고 올리브오일 2를 골고루 뿌린다.

❹ 180℃로 예열한 오븐에서 치즈가 녹을 때까지 10분 정도 굽거나 전자레인지에 넣어 치즈를 녹인 다음 사워크림을 적당량 올리고 실파를 뿌리고 살사소스를 곁들인다.

01 토마토 해산물 수프

Cooking Tip
육수로는 야채스톡이나 치킨스톡처럼 큐브나 가루 형태로 된 것을 사용하면 편리해요.
핫소스를 약간 넣으면 매콤하면서도 새콤한 맛이 나 맛있어요.

4인분
요리 시간 1시간

대체 식재료
모시조개 ▶ 바지락, 홍합

주재료
칵테일새우 16마리
모시조개 12개
소금 약간
베이컨 3줄
양파(작은 것) 1개
무 70g
당근 50g
셀러리 40g
마늘 3쪽
토마토 1개

올리브오일 3
화이트 와인 4
홀토마토 통조림 1통
육수 3컵
핫소스 1.5
설탕 0.3
파슬리가루 약간
소금·후춧가루 약간씩

새우 밑간 재료
청주 1
레몬즙 0.5
소금·후춧가루 약간씩

❶ 칵테일새우는 씻어 물기를 빼고 청주 1, 레몬즙 0.5, 소금과 후춧가루 약간씩을 넣어 밑간하고 모시조개는 옅은 소금물에 담가 30분 이상 어두운 곳에 두어 해감한다.

❷ 베이컨, 양파, 무, 당근은 1.5cm 두께로 썰고 셀러리는 필러로 딱딱한 섬유질을 한 겹 벗긴 다음 송송 썰고 마늘은 편으로 썬다.

❸ 토마토는 끓는 물에 데쳐 껍질을 벗기고 씨를 빼서 다진다.

❹ 팬을 달구어 올리브오일을 두르고 마늘과 양파를 넣어 노릇해질 때까지 볶다가 베이컨을 넣고 바삭해질 때까지 볶는다. 새우, 조개를 넣고 끓이다가 화이트 와인을 넣고 조개가 입을 벌릴 때까지 중간 불에서 뚜껑을 덮고 끓인다.

❺ 조개가 익으면 새우와 조개는 건지고 홀토마토와 국물을 붓고 으깬 다음 토마토, 육수 3컵, 무, 당근, 셀러리를 넣고 중간에 생기는 거품은 걷어가며 약한 불에서 20분 정도 끓인다.

❻ 재료가 잘 어우러지고 채소가 익으면 새우와 조개를 넣고 핫소스 1.5와 설탕 0.3을 넣고 3분 정도 끓이다가 파슬리가루를 약간 뿌리고 소금과 후춧가루로 간한다.

② 크램 차우더

4인분
요리 시간 40분
(바지락 해감하는 시간 30분)

재료
바지락 2봉(400g)
감자 1개
양파 1/2개
셀러리 50g
베이컨 2줄
버터 40g
밀가루 8(40g)
조개 육수 2컵
우유 1컵+1/2컵
생크림 1/2컵
소금·후춧가루 약간씩
파슬리가루 약간

대체 식재료
바지락 ▶ 대합, 모시조개

Cooking Tip
걸쭉한 농도를 원하면 우유의 양을 줄이고 생크림을 더 넣으세요. 대구살을 작게 썰어 넣어도 맛있어요.

❶ 바지락은 옅은 소금물에 담가 30분 이상 해감하고 감자는 가로, 세로 1cm 크기로 썰어 찬물에 담가둔다. 양파는 다지고 셀러리는 섬유질을 한 겹 벗긴 다음 다지고 베이컨은 잘게 다져 팬에 바삭하게 구워 기름기를 뺀다.

❷ 바지락은 삶아 입을 벌리면 건져 장식용으로 몇 개만 빼고 살을 발라놓고 육수는 체에 걸러 2컵 정도 준비한다.

❸ 냄비에 버터를 녹여 양파를 넣고 볶아 양파가 익으면 셀러리를 넣고 1~2분 정도 볶다가 밀가루를 넣고 또 볶는다.

❹ 육수를 조금씩 나눠 부어 덩어리를 풀다가 감자와 우유를 넣어 약한 불에서 끓여 감자가 익으면 바지락살과 생크림을 넣고 걸쭉해질 때까지 끓인다. 소금과 후춧가루로 간하고 먹기 직전에 파슬리가루와 베이컨 칩을 뿌린다.

03 게살 수프

4인분
요리 시간 30분

재료
게살 200g
청주 3
표고버섯 2개
팽이버섯 100g
대파 1/4대
달걀흰자 1개분
닭고기 육수 4컵
생강즙 0.3
국간장 0.5
굴소스 0.5
소금·후춧가루 약간씩
녹말물 4
참기름 2

Cooking Tip
간이 되어 있는 고체 또는 가루로 된 닭고기 육수를 사용할 경우에는 국간장과 굴소스의 간을 덜하거나 소금을 생략해도 돼요. 녹말물 4는 녹말가루 4와 물 4를 섞어 필요한 만큼 계량해서 사용하세요.

❶ 게살은 해동하여 청주 1을 뿌려 비린내를 제거하고 표고버섯은 4cm 길이로 채 썰어 살짝 데친다. 팽이버섯은 2등분하고 대파는 5cm 길이로 채 썰고 달걀흰자는 잘 풀어둔다.

❷ 냄비에 닭고기 육수, 청주 2를 붓고 끓이다가 게살, 표고버섯, 생강즙 0.3을 넣고 10분 정도 끓여 국간장 0.5, 굴소스 0.5, 소금과 후춧가루로 간하고 팽이버섯을 넣는다.

❸ 녹말물 4를 넣고 재빨리 저어 걸쭉하게 만든 다음 달걀흰자를 넣고 살짝 젓는다.

❹ 참기름 2를 두르고 채 썬 대파를 넣는다.

④ 호박범벅

Cooking Tip
곡물가루를 풀처럼 쑨 죽을 일컫는 '범벅'은 찹쌀가루를 흩뿌리듯이 넣고 뭉치지 않도록 잘 풀어주는 것이 중요해요. 호박범벅에는 새알심을 넣어도 맛있어요. 새알심은 찹쌀가루와 멥쌀가루를 2:1로 섞어 소금을 약간 넣어 간하고 뜨거운 물을 조금씩 넣어 익반죽해서 1.5~2cm 크기로 동그랗게 빚으세요.

4인분
요리 시간 1시간 30분

재료
단호박 1/2통
강낭콩 1/2컵
팥 1/4컵
물 5컵
찹쌀가루 1/2컵
설탕 3
소금 약간

대체 식재료
단호박 ▶ 늙은 호박
강낭콩 ▶ 옥수수, 고구마

❶ 단호박은 껍질을 벗겨 적당한 크기로 썰고 강낭콩은 물에 불려 10분 정도 삶는다. 팥은 팥이 잠길 정도로 물을 붓고 끓이다가 첫물은 버리고 다시 물을 넉넉하게 붓고 푹 무르게 50분 정도 삶는다.

❷ 냄비에 단호박과 물 5컵을 넣고 15분 이상 푹 무르게 삶는다.

❸ 익힌 단호박은 뜨거울 때 체에 내려서 다시 단호박을 삶은 물에 붓고 끓인다.

❹ 강낭콩을 넣고 끓인다.

❺ 물이 끓으면 찹쌀가루를 흩뿌리듯이 넣고 뭉치지 않도록 잘 풀어준다.

❻ 삶은 팥을 넣고 5분 정도 끓이다가 걸쭉해지면 설탕 3과 소금 약간을 넣는다.

⑤ 토마토 카프레제

4인분
요리 시간 15분

주재료
토마토 2개
소금 약간
생모차렐라치즈 1팩
바질 잎 5장

발사믹 드레싱 재료
다진 양파 3
엑스트라 버진 올리브오일 2
발사믹식초 1.5
꿀 0.3
소금·후춧가루 약간씩

Cooking Tip
토마토는 모양이 일정한 가운데 부분을 사용하고 생모차렐라치즈는 손으로 모양을 동그랗게 잡아준 다음 썰어야 예뻐요.

❶ 토마토는 1cm 두께로 두툼하게 썰어 키친타월에 얹어 물기를 빼고 소금을 약간 뿌린다.

❷ 생모차렐라치즈는 토마토보다 얇게 썰고 바질 잎은 채 썰어 찬물에 담가 둔다.

❸ 다진 양파 3, 엑스트라 버진 올리브오일 2, 발사믹식초 1.5, 꿀 0.3, 소금과 후춧가루 약간씩을 섞어 냉장고에 미리 넣어 둔다.

❹ 접시에 토마토와 모차렐라치즈를 번갈아 담고 먹기 직전에 드레싱을 끼얹고 바질 잎을 뿌린다.

06 시저 샐러드

4인분
요리 시간 30분

주재료
식빵 1장
마늘 1쪽
올리브오일 2
베이컨 3줄
파르메산치즈 30g
로메인 레터스 3포기

시저 드레싱 재료
안초비 4마리
달걀노른자 1개
다진 마늘 2
디종 머스터드 0.5
올리고당 0.3
레몬즙 1
후춧가루 약간
엑스트라 버진 올리브오일 1/3컵

대체 식재료
로메인 레터스 ▶ 샐러드 채소

Cooking Tip
보통 시저 드레싱은 단맛을 가미하지 않지만 색다른 음식에 익숙하지 않은 손님 입맛을 고려해 단맛을 조금 추가하면 좋아요.

❶ 식빵은 마늘을 문질러 향을 낸 다음 팬을 달구어 올리브오일 2를 두르고 노릇하게 구워 가로, 세로 1cm 크기로 자른다.

❷ 베이컨은 노릇하게 구워 잘게 썰고 파르메산치즈는 필러로 깎고 드레싱 재료인 안초비는 곱게 다진다.

❸ 볼에 다진 안초비, 달걀노른자 1개, 다진 마늘 2, 디종 머스터드 0.5, 올리고당 0.3, 레몬즙 1, 후춧가루 약간을 넣고 올리브오일 1/3컵을 조금씩 부어가며 골고루 섞는다.

❹ 로메인 레터스는 깨끗이 씻어 물기를 제거해 한입 크기로 뜯고 드레싱에 버무려 그릇에 담고 베이컨 칩, 파르메산치즈, 식빵을 적당량 얹는다.

07 닭고기 잣소스 냉채

4인분
요리 시간 40분

주재료
닭 가슴살 3조각(300g)
청주 1.5
소금 약간
당근 1/4개
양파 1/2개
깻잎 10장
달걀 1개

잣 소스 재료
잣 60g
다진 마늘 0.5
식초 2
올리고당 3
소금 0.3
우유 4

Cooking Tip
닭고기 잣 소스 냉채는 소스가 모자라지 않은 듯 버무려야 간이 맞아요.

❶ 끓는 물에 청주 1.5, 소금 약간, 닭 가슴살을 넣어 10분 정도 삶은 다음 불을 끄고 10분 정도 남은 열로 닭고기를 익혀 꺼내어 한 김 식히고 적당한 크기로 찢어 퍽퍽해지지 않도록 젖은 면포로 덮어둔다.

❷ 당근과 양파는 5cm 길이로 채 썰고 깻잎은 돌돌 말아 곱게 채 썰고 양파와 깻잎은 각각 찬물에 담가두었다가 버무리기 직전에 물기를 뺀다.

❸ 달걀은 지단을 부쳐 곱게 채 썰고 믹서에 잣 60g, 다진 마늘 0.5, 식초 2, 올리고당 3, 소금 0.3, 우유 4를 넣고 곱게 갈아 잣 소스를 만든다.

❹ 접시에 깻잎채를 깔고 닭 가슴살, 당근, 양파를 잣 소스에 버무려 담고 달걀지단을 올린다.

아보카도 마 샐러드

4인분
요리 시간 30분

주재료
아보카도 1개
레몬즙 1
마 150g
참치 1/2조각
소금·후춧가루 약간씩
구운 김 1/4장

드레싱 재료
배즙 2
간장 1.5
고추냉이 0.3
올리고당 0.5
참기름 1.5
깨소금 0.5

Cooking Tip
아보카도는 껍질이 초록색에서 검은색으로 변한, 적당히 익은 것으로 사용해야 부드럽게 먹을 수 있는데 숙성이 덜 되었다면 실온에 2~3일 두었다가 사용하세요. 아보카도가 없다면 마와 참치만 넣고 만들어도 맛있어요. 톡 쏘는 매콤한 맛을 좋아하면 고추냉이를 더 넣으세요.

❶ 아보카도는 적당히 익은 것으로 골라 씨가 닿을 때까지 칼집을 넣고 손으로 비틀어 돌려 빼낸 다음 껍질을 벗겨 가로, 세로 1.5cm 크기로 썰어 레몬즙을 뿌린다. 마는 껍질을 벗겨 아보카도 크기로 썬다.

❷ 참치는 미지근한 소금물에 5분 정도 담가 해동하여 면포로 감싸 냉장 보관한 다음 가로, 세로 1.5cm 크기로 썰어 소금과 후춧가루로 밑간하고 구운 김은 잘게 자른다.

❸ 볼에 아보카도, 마, 참치를 담고 배즙 2, 간장 1.5, 고추냉이 0.3, 올리고당 0.5, 참기름 1.5, 깨소금 0.5를 섞어 넣고 버무린다.

❹ 그릇에 담고 구운 김을 올린다.

⓿ 망고 드레싱 그린 샐러드

4인분
요리 시간 30분

주재료
양상추 1/4통
샐러드 채소 200g
적양파 1/2개
망고 1개
방울토마토 8개
만두피 3장
튀김기름 적당량

망고 드레싱 재료
망고 100g
꿀 2
화이트 와인 비네거 2
레몬즙 1
포도씨오일 3
소금 약간

대체 식재료
화이트 와인 비네거
▶ 과일식초

Cooking Tip
흔한 그린 샐러드가 지겨울 때 이국적인 분위기를 내는 새콤달콤한 맛의 샐러드예요. 망고는 씨를 피해 껍질째 길게 썰어 바둑판 모양으로 칼집을 내고 들어 올려 칼로 과육을 잘 발라 사용하세요.

❶ 양상추와 샐러드 채소는 깨끗하게 씻어 먹기 좋은 크기로 썰고 적양파는 링 모양으로 썰어 얼음물에 담가두었다가 먹기 직전에 물기를 빼고 망고는 가로, 세로 1.5cm 크기로 썰고 방울토마토는 반으로 자른다.

❷ 만두피는 채 썰어 튀김기름에 노릇하게 튀긴다.

❸ 믹서에 망고, 꿀 2, 화이트 와인 비네거 2, 레몬즙 1, 포도씨오일 3, 소금 약간을 넣어 곱게 간다.

❹ 접시에 양상추, 샐러드 채소, 적양파, 망고, 방울토마토를 담고 드레싱을 뿌린 다음 만두피를 올린다.

지중해식 샐러드

4인분
요리 시간 25분

주재료
페타치즈 100g
토마토 2개
오이 1개
그린 올리브 12개
블랙 올리브 6개
양상추 1/2통
치커리 10줄기
적양파 1/2개

발사믹 머스터드 드레싱 재료
엑스트라 버진 올리브오일 3
발사믹식초 1.5
씨 머스터드 0.5
꿀 1
소금·후춧가루 약간씩

Cooking Tip
양이나 염소 젖으로 만든 페타치즈는 짭조름한 맛이 나고 담백해서 샐러드와 잘 어울려요. 보통 지중해식 샐러드 드레싱처럼 올리브오일에 소금과 후춧가루만 더해 샐러드에 뿌려 먹어도 좋지만 발사믹식초, 머스터드, 꿀을 더 넣으면 풍부한 맛이 나요.

❶ 페타치즈는 가로, 세로 1.5cm 크기로 썰고 토마토는 8등분하고 오이는 껍질을 살짝 벗겨 동그랗게 썰고 그린 올리브는 그대로 쓰고 블랙 올리브는 링 모양을 살려 4등분한다.

❷ 양상추와 치커리는 먹기 좋은 크기로 손으로 뜯고 적양파는 링 모양으로 얇게 썰어 각각 찬물에 담가둔다.

❸ 엑스트라 버진 올리브오일 3, 발사믹식초 1.5, 씨 머스터드 0.5, 꿀 1, 소금과 후춧가루 약간씩을 섞어 드레싱을 만든다.

❹ 접시에 채소를 담고 페타치즈와 올리브를 얹고 먹기 직전에 드레싱을 적당량 끼얹는다.

01 마늘 버터 소스 왕새우구이

Cooking Tip
새우 머리는 버리지 말고 냉동 보관해서 육수를 낼 때 활용하면 좋아요.
소스에 간이 배어 있으므로 새우에 밑간을 할 때는 소금 간을 하지 않아도 돼요.

4인분
요리 시간 50분

대체 식재료
고수 잎 ▶ 파슬리

주재료
왕새우(블랙타이거) 10마리
청주 3
레몬즙 2
후춧가루 약간
빨강 파프리카 1/4개
노랑 파프리카 1/4개
고수 잎 적당량
올리브오일 적당량

마늘 버터 소스 재료
버터 30g
다진 마늘 2
파슬리가루 약간
소금·후춧가루 약간씩

마요 소스 재료
마요네즈 4
씨 머스터드 0.5
올리고당 0.5
레몬즙 0.5
소금·후춧가루 약간씩

❶ 왕새우는 깨끗이 씻어 머리를 떼고 다리는 가위로 자르고 이쑤시개를 이용해 등 쪽의 내장을 제거한 다음 가위로 등 쪽에 길게 가위집을 넣는다.

❷ 손질한 새우는 청주 3, 레몬즙 2, 후춧가루를 뿌려 살짝 재운다.

❸ 빨강 파프리카와 노랑 파프리카는 가로, 세로 0.5cm 크기로 썰고 고수는 잎만 따서 찬물에 담가둔다.

❹ 버터는 전자레인지에서 1분 정도 녹여 다진 마늘 2, 파슬리가루, 소금과 후춧가루 약간씩을 넣고 섞어 마늘 버터 소스를 만든다.

❺ 오븐팬에 종이포일을 깔고 올리브오일을 두른 다음 파프리카를 깔고 그 위에 새우를 얹고 마늘 버터 소스를 뿌려 180℃로 예열한 오븐에서 20분 정도 굽는다.

❻ 접시에 왕새우구이를 담고 파프리카와 고수 잎을 뿌리고 마요네즈 4, 씨 머스터드 0.5, 올리고당 0.5, 레몬즙 0.5, 소금과 후춧가루 약간씩을 섞어 곁들인다.

② 칠리새우

4인분
요리 시간 40분

주재료
중하 20마리
청주 2
소금·후춧가루 약간씩
튀김기름 적당량

새우 반죽 재료
달걀흰자 1개분
녹말가루 5

칠리소스 재료
고추기름 2
식용유 1
다진 마늘 1
다진 생강 0.3
다진 파 2
청주 2
토마토케첩 3
설탕 2
두반장 1
스위트칠리 소스 2
물 1/4컵
녹말물 1.5

대체 식재료
두반장 ▶ 굴소스

Cooking Tip
칠리새우는 시간이 지나면 엉겨 붙으므로 소스를 너무 걸쭉하게 졸이지 않아도 돼요.

❶ 중하는 머리를 떼고 껍질을 벗겨 이쑤시개로 등쪽의 내장을 제거하고 물이 튀지 않도록 꼬리쪽에 있는 물주머니 부분은 가위로 잘라 청주 2, 소금과 후춧가루 약간씩을 뿌려 살짝 재운다.

❷ 새우는 달걀흰자와 녹말가루에 버무려 180℃의 튀김기름에 노릇하게 튀긴다.

❸ 팬을 달구어 고추기름 1과 식용유 1을 두르고 다진 마늘 1, 다진 생강 0.3, 다진 파 2를 넣어 볶다가 청주 2를 넣고 토마토케첩 3, 설탕 2, 두반장 1, 스위트칠리 소스 2, 물 1/4컵을 넣고 약한 불에서 끓여 잘 어우러지면 녹말물 1.5를 두르고 새우를 넣는다.

❹ 새우를 넣어 재빨리 볶다가 고추기름 1을 두른다.

4인분
요리 시간 40분

주재료
중하 20마리
청주 2
소금·후춧가루 약간씩
파인애플 슬라이스 3조각
완두콩 30g
튀김기름 적당량

새우 반죽 재료
달걀흰자 1개분
녹말가루 5

크림소스 재료
마요네즈 8
연유 4
생크림 2
레몬즙 2

대체 식재료
완두콩 ▶ 브로콜리

Cooking Tip
칼로리를 줄이려면 새우를 튀기지 말고 살짝 데쳐 크림소스에 버무려도 돼요.

③ 크림새우

❶ 중하는 머리를 떼고 껍질을 벗겨 이쑤시개를 이용해 등 쪽의 내장을 제거하고 꼬리 쪽 껍질을 남겨둔다면 물이 튀지 않도록 꼬리 부분에 있는 물주머니 부분은 가위로 잘라 청주 2, 소금과 후춧가루 약간씩을 뿌려 살짝 재운다.

❷ 파인애플은 한입 크기로 자르고 완두콩은 끓는 소금물에 넣고 3~4분 정도 데쳐 찬물에 헹궈 물기를 뺀다.

❸ 새우는 달걀흰자와 녹말가루에 버무려 180℃의 튀김기름에 노릇하게 튀긴다.

❹ 팬에 마요네즈 8, 연유 4, 생크림 2, 레몬즙 2를 넣고 끓어오르면 새우, 파인애플, 완두콩을 넣고 재빨리 버무린다.

④ 광어회 카르파치오

4인분
요리 시간 20분

주재료
광어회 1마리분
소금 약간
적양파 1개
무순 1/2팩

드레싱 재료
간 양파 4
설탕 0.5
엑스트라 버진 올리브오일 4
화이트 와인 비네거 1
레몬즙 1
소금·후춧가루 약간씩

Cooking Tip
카르파치오용 광어회는 되도록 얇게 써는 것이 좋지만 그냥 횟집에서 떠온 회로 만들어도 돼요. 올리브오일은 가열하지 않는 샐러드 드레싱용으로는 엑스트라 버진 올리브오일, 가열하는 용도로는 퓨어 올리브오일이 적당해요.

❶ 광어회는 얇게 썰어 소금을 살짝 뿌려 랩을 씌워 냉장고에 차갑게 보관한다.

❷ 적양파는 채 썰어 찬물에 담가두고 무순도 찬물에 담가두었다가 먹기 직전에 물기를 뺀다.

❸ 간 양파 4, 설탕 0.5, 엑스트라 버진 올리브오일 4, 화이트 와인 비네거 1, 레몬즙 1, 소금과 후춧가루 약간씩을 섞어 드레싱을 만든다.

❹ 접시에 광어회를 담고 적양파, 무순을 곁들이고 드레싱을 골고루 뿌린다.

05 해파리냉채

4인분
요리 시간 30분
(해파리 손질 시간 2시간)

주재료
해파리 250g
국간장 0.5
설탕 0.5
식초 1
청주 3
소금 약간
칵테일새우 12마리
오징어 몸통 1마리분
오이 2/3개
당근 1/5개
맛살(16cm) 2줄
참기름 1

마늘 소스 재료
다진 마늘 4
간장 1
식초 7
설탕 4
참기름 1
소금 0.5

대체 식재료
마늘 소스 ▶ 겨자 소스

Cooking Tip
해파리는 뜨거운 물에 10초 이내로 담갔다 건지거나 체에 담아 끓는 물을 끼얹어 살짝만 익힌 다음 바로 찬물에 헹구세요.

❶ 해파리는 중간에 물을 두어 번 정도 갈아가며 찬물에 2시간 이상 담가 짠맛을 빼서 체에 담아 끓는 물을 끼얹어 데친 다음 찬물에 헹구고 면포에 올려 물기를 빼서 국간장 0.5, 설탕 0.5, 식초 1로 밑간하여 냉장고에 넣어 차갑게 보관한다.

❷ 냄비에 물을 3컵 정도 붓고 청주 3과 소금 약간을 넣고 끓여 칵테일새우를 살짝 데치고 오징어는 껍질을 벗겨 칼집을 넣고 끓는 소금물에 넣고 데쳐 채 썬다. 오이는 돌려 깎기해 채 썰어 소금을 살짝 뿌리고 당근도 채 썰고 맛살은 가늘게 찢는다.

❸ 다진 마늘 4, 간장 1, 식초 7, 설탕 4, 참기름 1, 소금 0.5를 섞어 마늘 소스를 만든다.

❹ 해파리, 새우, 오징어, 맛살, 오이, 당근을 접시에 돌려 담고 소스를 뿌리고 무순을 얹는다.

06 매운 홍합찜

4인분
요리 시간 30분

주재료
홍합 600g
양파 1/4개
대파 1/4대
청양고추 3개
홍고추 1개
마늘 2쪽
고추기름 1
청주 3
녹말물 3
호부추 100g
식용유 적당량

양념 재료
홍합 삶은 물 1/4컵
고춧가루 3
고추장 1
간장 1.5
설탕 1.5
맛술 1

대체 식재료
호부추 ▶ 부추

Cooking Tip
홍합 삶은 물은 버리지 말고 매운 홍합찜 등을 만들 때 활용하세요. 매운 홍합찜에 마른 고추, 페페론치노를 넣어도 좋고 캡사이신 소스를 더해도 좋아요.

❶ 홍합은 수염을 다듬고 깨끗이 씻어 끓는 물에 입을 벌릴 때까지 삶는다.

❷ 양파, 대파, 청양고추, 홍고추, 마늘은 곱게 다져 팬을 달구어 고추기름 1과 식용유 2를 두르고 볶는다.

❸ ②의 팬에 홍합과 청주 3을 넣고 센 불에서 볶다가 홍합 삶은 물 1/4컵, 고춧가루 3, 고추장 1, 간장 1.5, 설탕 1.5, 맛술 1을 넣고 2~3분 정도 볶는다.

❹ 불을 줄이고 녹말물 3을 두르고 호부추는 기름에 살짝 볶아 곁들인다.

4인분
요리 시간 30분

주재료
그린 홍합 15개
화이트 와인 2
오렌지 주스 1/2컵
모차렐라치즈 1/2컵
파슬리가루 0.5

날치알 마요 소스 재료
날치알 40g
다진 양파 3
마요네즈 5
소금·후춧가루 약간씩

Cooking Tip
일반 홍합보다 두 배 정도 큰 그린 홍합은 데쳐서 냉동했기 때문에 데치지 않아도 돼요. 그냥 먹으면 감칠맛이 덜하므로 소스를 곁들인 애피타이저나 샐러드, 파스타 등에 넣어 먹어요.
날치알은 오렌지 주스나 레몬즙, 청주 등에 잠시 담가두면 비린내를 없앨 수 있어요.
매콤한 맛을 원하면 날치알 마요 소스에 핫소스를 넣으세요.

07 날치알 마요 소스 그린 홍합구이

❶ 그린 홍합은 해동하여 소금물에 살짝 헹군 다음 화이트 와인을 살짝 뿌린다.

❷ 날치알은 해동하여 오렌지 주스에 5분 정도 담가두었다가 체에 밭쳐 물기를 뺀다.

❸ 날치알 40g, 다진 양파 3, 마요네즈 5, 소금과 후춧가루 약간씩을 섞어 날치알 마요 소스를 만든다.

❹ 그린 홍합에 날치알 마요 소스를 적당량씩 얹고 모차렐라치즈와 파슬리가루를 뿌려 180℃로 예열한 오븐에서 치즈가 녹을 때까지 15분 정도 굽는다.

⑧ 참치 다다키

Cooking Tip
냉동 참치는 삼투압 원리를 이용한 해수해동법을 쓰면 해동 시간도 짧고 영양 손실도 없으며 참치 특유의 맛과 색상을 유지할 수 있어요. 3% 소금물에 냉동 참치를 5분 정도 담가 겉면만 살짝 해동한 다음 면포로 감싸 냉장고에 1시간 이상 넣어두세요. 한번 해동한 참치는 절대 재냉동하지 않는데 맛과 영양이 떨어질 뿐만 아니라 위생적으로도 좋지 않기 때문이에요. 냉동 참치는 해동하여 냉장고에 하루 정도 숙성하면 더 맛이 좋고 구운 참치는 한 김 식혀 차가울 때 썰어야 잘 썰려요.

4인분
요리 시간 30분
(냉동 참치 해동 시간 1시간)

주재료
냉동 참치 1조각
소금 적당량
래디시 2개
어린잎 채소 적당량
마늘 5쪽
식용유 적당량
소금·후춧가루 약간씩

간장 레몬 드레싱 재료
간장 2
꿀 0.5
레몬즙 0.5
참기름 0.5
통깨 0.3
후춧가루 약간

고추냉이 마요 소스 재료
마요네즈 2
고추냉이 0.3
올리고당 0.5
소금·후춧가루 약간씩

❶ 냉동 참치는 미지근한 소금물에 5분 정도 담가 해동하여 면포로 감싸 냉장고에 1시간 이상 넣어둔다.

❷ 래디시는 얇게 썰어 어린잎 채소와 함께 얼음물에 담가 두었다가 먹기 직전에 물기를 뺀다.

❸ 마늘은 편으로 얇게 썰어 찬물에 담가두었다가 물기를 빼서 달군 팬에 식용유를 적당히 두르고 노릇하게 튀기듯 구워 소금을 뿌리고 키친타월에 얹어 여분의 기름을 뺀다.

❹ 간장 2, 꿀 0.5, 레몬즙 0.5, 참기름 0.5, 통깨 0.3, 후춧가루 약간을 섞어 간장 레몬 드레싱을 만들고 마요네즈 2, 고추냉이 0.3, 올리고당 0.5, 소금과 후춧가루 약간씩을 섞어 고추냉이 마요 소스를 만든다.

❺ 해동한 참치는 소금과 후춧가루를 약간씩 뿌려 10분 정도 밑간하여 팬을 달구어 식용유를 약간 두르고 키친타월로 닦은 다음 참치를 놓고 겉면만 노릇하게 구워 냉장고에 잠시 넣어 차갑게 보관한다.

❻ 참치는 적당한 두께로 썰어 접시에 돌려 담고 고추냉이 마요 소스를 뿌리고 어린잎 채소, 래디시, 구운 마늘을 적당히 담고 간장 레몬 드레싱을 뿌린다.

⑨ 전복 스테이크

Cooking Tip
전복은 오래 익히면 질기기 때문에 앞뒤가 다 익었다 싶으면 바로 불을 끄세요. 내장은 전복이 싱싱하게 살아 있을 때만 사용하고 소스에 내장을 넣지 않는다면 굴소스와 올리고당을 조금씩 더 넣고 졸이세요.

4인분
요리 시간 30분

주재료
전복 4개
어린잎 채소 적당량
다진 마늘 1
식용유 1.5
화이트 와인 3
참기름 1

소스 재료
전복 내장 1개분
물 3
굴소스 1
간장 1
올리고당 0.3
맛술 1
후춧가루 약간

❶ 전복은 솔로 문질러가며 깨끗하게 씻어 전복 껍데기와 살 사이에 숟가락을 넣고 살살 돌려가며 전복살을 빼내어 사선으로 칼집을 넣고 내장은 빨간색 이를 제거하고 체에 밭쳐 씻어 뜨거운 물을 끼얹는다.

❷ 믹서에 전복 내장 1개분과 물 3을 넣고 곱게 갈아 냄비에 담고 굴소스 1, 간장 1, 올리고당 0.3, 맛술 1, 후춧가루 약간을 넣어 약한 불에서 살짝 끓여 소스를 만든다.

❸ 팬을 달구어 식용유를 두르고 다진 마늘을 넣어 볶는다.

❹ 전복을 넣고 굽다가 화이트 와인 3을 붓고 센 불에서 구워 알코올을 날려 전복이 다 구워지면 참기름 1을 두른다.

❺ 전복 껍데기는 끓는 물에 넣고 삶아 소독한다.

❻ 어린잎 채소는 깨끗하게 씻어 물기를 뺀다. 접시에 전복 껍데기를 놓고 어린잎 채소를 담은 다음 구운 전복을 올리고 소스를 뿌린다.

⑩ 데리야키 장어구이

Cooking Tip
장어 뼈를 손쉽게 구할 수 있다면 장어 뼈를 삶은 육수를 활용해 데리야키 소스를 만들어도 좋아요.
장어를 오븐에서 구울 때 꼬리는 쉽게 타므로 쿠킹포일로 감싸서 구우세요.

4인분
요리 시간 1시간

대체 식재료
다시마 육수 ▶ 물

주재료
장어 2마리
생강 50g

생강 절임 재료
물 1/4컵
설탕 5
식초 3

데리야키 소스 재료
다시마 육수 1/4컵
대파(5cm) 1대
마늘 1쪽
생강 약간
간장 1/2컵
청주 1/4컵
맛술 1/4컵
설탕 1/4컵

❶ 생강은 껍질을 벗기고 편으로 썬다.

❷ 물 1/4컵, 설탕 5, 식초 3을 섞어 생강을 넣고 30분 정도 절였다가 채 썬다.

❸ 장어는 손질하여 껍질에 칼집을 넣고 180℃로 예열한 오븐에서 15분 정도 굽거나 찜통에서 5분 정도 쪄서 애벌구이 한다.

❹ 냄비에 다시마 육수 1/4컵, 대파 1대, 마늘 1쪽, 생강 약간, 간장 1/2컵, 청주 1/4컵, 맛술 1/4컵, 설탕 1/4컵을 넣고 졸여 소스를 만든다.

❺ 애벌구이한 장어는 서너 번 정도 소스를 덧발라가며 180℃로 예열한 오븐에서 노릇하게 굽는다.

❻ 장어는 적당한 크기로 썰어 그릇에 담고 생강채를 얹는다.

⑪ 관자구이와 파슬리 오일

4인분
요리 시간 30분

주재료
관자 4개
소금·후춧가루 약간씩
올리브오일 2
화이트 와인 3
샐러드 채소 적당량

파슬리 오일 재료
다진 생파슬리 1
엑스트라 버진 올리브오일 4
설탕 0.3
소금·후춧가루 약간씩

발사믹 드레싱 재료
엑스트라 버진 올리브오일 3
발사믹식초 2
소금·후춧가루 약간씩

Cooking Tip
관자는 너무 오래 구우면 질기니 익으면 바로 팬에서 꺼내세요. 생파슬리는 그냥 사용하면 향이 너무 강하니 파슬리 잎만 떼어 곱게 다져 면포에 담아 물로 씻어 물기를 꼭 짜서 보슬보슬한 상태로 사용하세요.

❶ 관자는 겉의 얇은 막을 벗기고 2등분하여 양쪽에 칼집을 넣고 소금과 후춧가루를 뿌린다.

❷ 다진 생파슬리 1, 엑스트라 버진 올리브오일 4, 설탕 0.3, 소금과 후춧가루 약간씩을 섞어 파슬리 오일을 만들고 엑스트라 버진 올리브오일 3, 발사믹식초 2, 소금과 후춧가루 약간씩을 섞어 발사믹 드레싱을 만든다.

❸ 팬에 올리브오일 2를 두르고 관자를 굽다가 화이트 와인 3을 넣고 센 불에서 알코올이 날아가면 중간 불에서 1분 정도 익힌다.

❹ 접시에 관자를 담고 파슬리 오일을 뿌리고 샐러드 채소에는 발사믹 드레싱을 뿌린다.

12 해물 파전

4인분
요리 시간 35분

주재료
바지락살 180g
홍합살 180g
소금 약간
새우살 120g
실파 20대
홍고추 2개
달걀 1개
식용유 적당량

반죽 재료
밀가루(중력분) 1컵
쌀가루 1/2컵
소금 약간
물 1컵+1/5컵

초간장 재료
간장 1
식초 0.5
설탕 약간

대체 식재료
조갯살 ▶ 굴

Cooking Tip
굴을 구하기 어려운 계절에는 조갯살만 넣어도 돼요. 반죽이 걸쭉해야 파전이 잘 부쳐지므로 물을 가감해 반죽 농도를 조절하세요. 반죽에 쌀가루를 넣으면 더 바삭해요.

❶ 바지락살과 홍합살은 옅은 소금물에 살살 흔들어 씻어 물기를 빼고 새우살도 씻어 등 쪽의 내장을 제거한다. 실파는 5~6cm 길이로 썰고 홍고추는 채 썰고 달걀은 알끈을 제거하고 잘 풀어둔다.

❷ 볼에 밀가루 1컵, 쌀가루 1/2컵, 소금 약간, 물 1컵+1/5컵을 넣고 잘 섞어 반죽을 만들어 반으로 나누고 각각 실파와 해산물을 넣는다.

❸ 팬을 달구어 식용유를 두르고 실파를 넣은 반죽을 넓게 펴고 그 위에 해산물을 넣은 반죽을 올리고 중간 불에서 노릇하게 익힌다.

❹ 파전이 가장자리부터 익으면 달걀물을 한 숟가락 끼얹은 다음 홍고추채를 얹고 뒤집어 식용유를 더 두르고 살짝 눌러가며 노릇하게 지져 접시에 담고 간장 1, 식초 0.5, 설탕 약간을 섞어 곁들인다.

⑬ 해물 누룽지탕

Cooking Tip
불린 해삼을 넣어도 맛있어요. 찹쌀 누룽지는 먹기 직전에 튀겨 뜨거운 소스를 부어야 맛있는 소리도 나고
바삭한 누룽지탕을 즐길 수 있어요.
(닭고기 육수 내는 법은 15쪽 참조)

4인분
요리 시간 50분

대체 식재료
피망 ▶ 청경채
닭고기 육수 ▶ 물

주재료
찹쌀 누룽지(5×5cm) 8개
중하 12마리
오징어 몸통 1마리분
관자 2개
대파(흰 부분) 1대
마늘 3쪽
생강 1쪽
죽순 80g

표고버섯 2개
피망 1개
빨강 파프리카 2/3개
배추 잎 4장
청주 3
소금·후춧가루 약간씩
튀김기름 적당량

육수 재료
청주 2
닭고기 육수 2컵
굴소스 2
간장 2
소금·후춧가루 약간씩
녹말물 4
참기름 1

❶ 중하는 꼬리만 남기고 껍질을 벗겨 내장을 제거하고 오징어는 껍질을 벗기고 칼집을 넣어 3cm 크기로 썬다. 관자는 얇은 막을 벗겨 두툼하게 썰고 대파는 2~3cm 길이로 썰고 마늘과 생강은 편으로 썬다.

❷ 죽순은 반을 갈라 주름 사이의 하얀 이물질을 빼내고 빗살무늬를 살려서 썰고 표고버섯은 기둥을 떼고 큼직하게 저며 썬다. 피망과 빨강 파프리카는 2~3cm 크기로 썰고 배추 잎은 3cm 크기로 저민다.

❸ 끓는 물에 청주 3과 소금 약간을 넣고 새우, 오징어, 관자, 죽순, 표고버섯, 배추 잎 순으로 각각 30초 이내로 데친다.

❹ 팬을 달구어 식용유를 두르고 마늘과 생강을 넣어 살짝 볶다가 대파를 넣고 볶아 향을 내고 생강은 빼고 데친 죽순, 표고버섯, 배추 잎을 넣어 볶다가 청주 2를 넣고 볶는다.

❺ 닭고기 육수 2컵을 붓고 굴소스 2와 간장 2를 넣고 물이 끓으면 피망, 빨강 파프리카, 데친 해물, 죽순, 표고버섯, 배추 잎을 넣고 끓이다가 소금과 후춧가루로 간하고 녹말물 4를 두르고 걸쭉해지면 참기름 1을 두른다.

❻ 찹쌀 누룽지는 먹기 직전 튀김기름에 노릇하게 튀겨 접시에 담고 뜨거운 소스를 끼얹는다.

⑭ 중화풍 해산물볶음

Cooking Tip
해산물은 오래 볶으면 질기니 센 불에서 빨리 익히세요.
숙주는 데쳐서 따로 곁들이지 않고 해산물볶음에 넣어도 돼요.

4인분
요리 시간 40분

대체 식재료
해선장 ▶ 굴소스

주재료
중하 12마리
관자 2개
오징어 몸통 1마리분
청경채 6포기
표고버섯 3개
마늘 2쪽
생강 약간
숙주 200g
식용유 2
소금 약간

새우·관자 밑간 재료
청주 2
소금·후춧가루 약간씩

숙주 양념 재료
참기름 1
소금 약간

양념 재료
청주 2
해선장 2
간장 2
녹말물 2
참기름 1

❶ 중하는 꼬리만 남기고 껍질을 벗겨 등 쪽의 내장을 제거하고 관자는 얇은 막을 벗기고 3등분하여 각각 청주 2, 소금과 후춧가루 약간씩으로 밑간한다. 오징어는 껍질을 벗겨 사선으로 칼집을 내어 가로, 세로 4×2cm 크기로 썬다.

❷ 청경채는 밑동을 자르고 반으로 갈라 끓는 소금물에 30초 정도 데쳐 찬물에 헹궈 물기를 빼고 표고버섯은 굵게 채 썰어 끓는 물에 넣어 살짝 데치고 마늘과 생강은 채 썬다.

❸ 숙주는 꼬리를 떼고 끓는 소금물에 살짝 데쳐 찬물에 헹궈 물기를 빼고 참기름 1과 소금 약간으로 살짝 버무린다.

❹ 팬을 달구어 식용유 2를 두르고 마늘과 생강을 넣고 볶아 향을 낸다.

❺ 새우를 넣고 볶다가 관자, 오징어, 청주 2를 넣고 센 불에서 1분 정도 익히다가 중간 불로 줄인다.

❻ 표고버섯을 넣고 살짝 볶다가 청경채를 넣고 숨이 죽으면 해선장 2와 간장 2를 넣고 볶다가 녹말물 2를 두르고 또 살짝 볶다가 참기름 1을 두르고 그릇에 담고 숙주를 곁들인다.

⑮ 미니 생선가스 볼

4인분
요리 시간 40분

주재료
대구살 300g
양파 100g
쌀가루 6
소금·후춧가루 약간씩
튀김기름 적당량
레몬 1/2개

타르타르소스 재료
삶은 달걀 1/2개
다진 양파 2
다진 피클 1.5
마요네즈 5
올리고당 0.3
레몬즙 0.5
파슬리가루 약간
소금·후춧가루 약간씩

튀김옷 재료
밀가루 1/4컵
달걀 2개
빵가루 1컵+1/2컵

대체 식재료
대구살 ▶ 동태살

Cooking Tip
반죽에 쌀가루를 적당량 넣어 반죽 농도를 조절하세요. 반죽에 수분이 많다면 쌀가루를 더 넣으세요. 쌀가루 대신 밀가루를 넣어도 돼요.

❶ 대구살은 곱게 다지고 양파도 곱게 다져 볼에 담고 쌀가루 6, 소금과 후춧가루 약간씩을 넣어 반죽해 3~4cm 크기의 생선볼을 빚는다.

❷ 삶은 달걀 노른자는 체에 내리고 흰자는 잘게 썰어 다진 양파 2, 다진 피클 1.5, 마요네즈 5, 올리고당 0.3, 레몬즙 0.5, 파슬리가루와 소금, 후춧가루 약간씩을 섞어 타르타르소스를 만든다.

❸ 생선볼에 밀가루, 달걀물, 빵가루 순으로 튀김옷을 입힌다.

❹ 튀김기름에 생선볼을 노릇하게 튀겨 레몬즙을 살짝 뿌리고 타르타르소스를 곁들인다.

골뱅이무침

4인분
요리 시간 30분

주재료
골뱅이 통조림 1통
북어포 30g
오이 1개
대파 1대
양파 1/2개
소면 150g
참기름 1.5

양념장 재료
다진 마늘 2
고춧가루 4
고추장 1.5
간장 2
설탕 2
물엿 1
2배 식초 1.5
참기름 1
통깨 1

대체 식재료
북어포 ▶ 오징어채
2배 식초 ▶ 과일식초,
현미식초 등 일반 식초

Cooking Tip
골뱅이 국물에 북어포를 불리면 더 맛있어요. 소면을 삶아 참기름에 버무리면 면이 달라붙지 않고 고소한 향도 나요. 오이를 필러로 길게 벗기면 골뱅이무침을 싸먹기 좋은데 씨 부분을 제외하고 필러로 벗기세요.

❶ 골뱅이는 물에 살짝 씻어 먹기 좋은 크기로 2등분하고 골뱅이 국물에 북어포를 넣고 10분 정도 불렸다가 물기를 짠다.

❷ 오이는 필러로 길게 벗기고 대파와 양파는 5cm 길이로 채 썰어 각각 찬물에 담가둔다.

❸ 소면은 삶아서 참기름 1.5를 넣어 버무린다.

❹ 볼에 골뱅이, 북어포, 대파, 양파를 담고 다진 마늘 2, 고춧가루 4, 고추장 1.5, 간장 2, 설탕 2, 물엿 1, 2배 식초 1.5, 참기름 1, 통깨 1을 섞어 넣고 버무려 접시에 담고 오이와 소면을 곁들인다.

01 통삼겹살조림

Cooking Tip
삼겹살을 삶을 때 누린내 제거를 위해 된장이나 인스턴트커피를 넣어도 좋아요.
통삼겹살 600g을 삶는다면 된장 2나 커피 1 정도 넣으세요.

4인분
요리 시간 1시간 10분

대체 식재료
생강 1톨 ▶ 마늘 4쪽

주재료
통삼겹살 600g
청경채 5포기
소금 약간

돼지고기 삶는 물 재료
양파 1/2개
대파 1/2대
생강 1톨
월계수 잎 1장
물 8컵

조림장 재료
간장 1/4컵
설탕 1/4컵
청주 1/3컵
통후추 0.5
돼지고기 삶은 물 1/4컵

❶ 냄비에 양파, 대파, 생강, 월계수 잎, 물 8컵을 넣고 끓인다.

❷ 물이 끓으면 통삼겹살을 넣고 중간 불에서 40분 정도 삶는다.

❸ 청경채는 밑동에 칼집을 넣고 끓는 물에 소금을 약간 넣어 30초 정도 데친 다음 찬물에 헹궈 물기를 빼고 반으로 가르거나 4등분한다.

❹ 냄비에 조림장 재료인 간장 1/4컵, 설탕 1/4컵, 청주 1/3컵, 통후추 0.5, 돼지고기 삶은 물 1/4컵을 넣어 끓인다.

❺ 조림장에 통삼겹살을 넣고 약한 불에서 졸이다가 중간에 돼지고기를 뒤집어가며 소스가 졸아들 때까지 15분에서 20분 정도 끓인다.

❻ 통삼겹살을 썰어 접시에 담고 남은 소스를 뿌린 다음 데친 청경채를 곁들인다.

02 파채 매운 깐풍기

Cooking Tip
닭고기 껍질은 벗기지 말고 두툼한 기름만 떼어내세요.
대파는 채 썰어 찬물에 담가두어야 맵고 아린 맛을 뺄 수 있어요.

4인분
요리 시간 1시간

주재료
닭 다리 5개(350g)
청주 2
소금·후춧가루 약간씩
대파 2대
달걀흰자 1개분
녹말가루 8
튀김기름 적당량
고추기름 2
청주 1.5
참기름 1
소금 약간

볶음용 채소 재료
마른 고추 2개
대파 1/4대
홍고추 1
청양고추 2
마늘 2쪽
생강 약간

소스 재료
물 4
식초 3
간장 1
굴소스 2
설탕 2
참기름 0.5
후춧가루 약간

❶ 닭 다리는 기름을 떼고 한입 크기로 썰어 청주 2, 소금과 후춧가루 약간씩으로 밑간하고 대파는 6cm 길이로 곱게 채 썰어 찬물에 담가두었다 먹기 직전에 물기를 뺀다.

❷ 볶음용 채소인 마른 고추는 가위로 어슷하게 썰고 대파, 홍고추, 청양고추, 마늘, 생강은 다진다.

❸ 닭 다리에 달걀흰자, 녹말가루를 넣고 버무려 10분 정도 두었다가 튀김기름에 노릇하게 두 번 튀긴다.

❹ 팬을 달구어 고추기름 2를 두르고 다진 마늘과 다진 생강을 넣어 마늘과 생강 향이 나도록 볶다가 마른 고추, 다진 파, 다진 고추를 넣고 볶다가 청주 1.5를 넣는다.

❺ 팬에 튀긴 닭고기와 소스 재료인 물 4, 식초 3, 간장 1, 굴소스 2, 설탕 2, 참기름 0.5, 후춧가루 약간을 넣고 재빨리 볶아 그릇에 담는다.

❻ 파채에 참기름 1과 소금을 약간 넣고 살짝 버무려 튀긴 닭고기에 듬뿍 얹는다.

03 닭 봉 간장조림

Cooking Tip
뼈가 있는 육류는 두 번 튀겨야 속까지 잘 익지만 닭 봉 간장조림은 조림장에 넣고 조리므로 튀길 때 속까지 완전히 익히지 않아도 돼요. 견과류는 한 가지만 사용해도 되고 생략해도 돼요. 요리에 견과류를 활용할 때는 팬을 달구어 기름을 두르지 않고 살짝 볶아야 고소한 맛이 더해요.

4인분
요리 시간 1시간

대체 식재료
닭 봉 ▶ 닭 날개, 등갈비

주재료
닭 봉 12개
견과류 1/2컵
(피스타치오·호두·아몬드 등)
녹말가루 5
튀김기름 적당량

닭 봉 밑간 재료
청주 2
소금·후춧가루 약간씩

소스 재료
간장 3
설탕 1
물엿 3
식초 3
청주 1
맛술 1
레몬즙 0.3
물 1/3컵

❶ 닭 봉은 깨끗이 씻어 기름기를 떼어내고 잡고 먹기 편하게 뼈 사이에 칼을 넣고 힘줄을 끊은 다음 살을 위로 모아 올려 동그랗게 말아 청주 2, 소금과 후춧가루로 밑간한다.

❷ 견과류는 팬을 달구어 기름을 두르지 않고 살짝 볶아 곱게 다진다.

❸ 닭 봉에 녹말가루를 꼼꼼하게 묻혀 튀김기름에 노릇해질 때까지 2~3분 정도 튀긴다.

❹ 팬에 소스 재료인 간장 3, 설탕 1, 물엿 3, 식초 3, 청주 1, 맛술 1, 레몬즙 0.3, 물 1/3컵을 넣고 끓인다.

❺ 소스가 바글바글 끓으면 닭 봉을 넣고 약한 불로 줄여 15분 정도 졸인다.

❻ 닭 봉 끝부분에 견과류를 적당히 묻혀 접시에 담는다.

④ 스모크 폭립구이

Cooking Tip
등갈비를 삶을 때 양파, 파, 생강, 마늘 등 누린내를 제거할 수 있는 향신 재료를 넣고 삶으세요. 오븐 대신 프라이팬에 구우려면 등갈비를 한 대씩 잘라 소스를 발라가며 타지 않게 뒤집어가며 굽거나 또는 소스를 미리 졸여두지 말고 삶은 등갈비와 소스를 같이 넣고 졸여서 만드세요.

4인분
요리 시간 1시간 30분

주재료
등갈비 1kg
소금·후춧가루 약간씩

등갈비 삶는 물 재료
양파 1/2개
마늘 4쪽
통계피 1/2개
통후추 1
청주 1/4컵

소스 재료
바비큐 소스 1/2컵
우스터소스 3
간장 2
토마토케첩 4
흑설탕 1/4컵
다진 마늘 1
월계수 잎 1장
생강가루·후춧가루 약간씩
물 3

❶ 등갈비는 찬물에 30분 이상 담가 핏물을 빼서 잡내를 제거한다.

❷ 등갈비의 기름기를 제거하고 살이 두꺼운 부분은 칼집을 넣는다.

❸ 냄비에 등갈비가 잠길 정도의 물과 양파, 마늘, 통계피, 통후추, 청주를 넣고 끓여 끓으면 등갈비를 넣어 20분 이상 삶는다.

❹ 삶은 등갈비는 소금과 후춧가루로 밑간한다.

❺ 냄비에 바비큐 소스 1/2컵, 우스터소스 3, 간장 2, 토마토케첩 4, 흑설탕 1/4컵, 다진 마늘 1, 월계수 잎 1장, 생강가루와 후춧가루 약간씩, 물 3을 넣고 걸쭉해질 때까지 약한 불에서 15분 정도 끓인다.

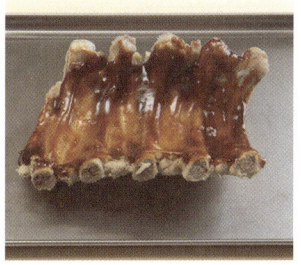

❻ 등갈비에 소스를 발라 10분 정도 두었다가 180℃로 예열한 오븐에서 중간에 두 번 정도 꺼내 소스를 덧바르면서 20분 정도 굽는다.

05 유린기

4인분
요리 시간 40분

주재료
닭 다리살 5조각(350g)
청주 2
소금·후춧가루 약간씩
양상추 1/4통
튀김기름 적당량

닭 다리살 튀김 재료
녹말가루 4
달걀 1
빵가루 1컵

소스 재료
대파 1/4대
풋고추 1개
홍고추 1개
마늘 2쪽
간장 2
식초 2
설탕 2
참기름 0.5
후춧가루 약간
물 2

대체 식재료
닭 다리살 ▶ 닭 안심
양상추 ▶ 샐러드 채소

Cooking Tip
닭고기 누린내가 심할 때는 우유에 담가둔다.

❶ 닭 다리살은 기름을 떼어내고 껍질과 두툼한 부위에 칼집을 넣은 다음 청주 2, 소금과 후춧가루로 밑간하고 양상추는 얼음물에 담가두었다가 먹기 직전에 물기를 뺀다.

❷ 대파는 반으로 갈라 송송 썰고 마늘은 다지고 고추는 반으로 갈라 씨를 빼내고 송송 썬다. 분량의 재료를 섞어 소스를 만든다.

❸ 닭 다리살은 녹말가루, 달걀물, 빵가루 순으로 튀김옷을 입혀 튀김기름에 노릇하게 튀긴다.

❹ 접시에 양상추를 한입 크기로 뜯어 담고 튀긴 닭고기를 썰고 얹고 소스를 뿌린다.

06 불고기

4인분
요리 시간 50분

주재료
쇠고기(불고기용) 600g
양파 1개
잣 20g

양념 재료
배 1/6개
양파 1/3개
다진 파 3
다진 마늘 1.5
간장 6
설탕 2
물엿 1
참기름 1.5
통깨 1
후춧가루 약간

대체 식재료
배 ▶ 키위, 파인애플

Cooking Tip
고기를 재울 때 배, 키위, 파인애플 등을 넣으면 연육 작용으로 고기가 부드러워져요. 불고기에 양파만 넣어 깔끔하게 만들었는데 당근, 버섯 등은 취향에 맞게 넣으세요.

❶ 쇠고기는 키친타월에 얹어 핏물을 빼서 적당한 크기로 썰고 양파는 채 썰고 잣은 고깔을 떼고 곱게 다진다.

❷ 양념은 배와 양파를 믹서에 갈고 다진 파 3, 다진 마늘 1.5, 간장 6, 설탕 2, 물엿 1, 참기름 1.5, 통깨 1, 후춧가루 약간을 넣어 섞는다.

❸ 쇠고기에 양념을 넣고 버무려 30분 이상 재운다.

❹ 팬을 달구어 센 불에서 양념한 쇠고기를 1분 정도 볶다가 불을 줄이고 양파를 넣고 3~4분 더 볶아 접시에 담고 잣가루를 솔솔 뿌린다.

⑦ 차돌박이구이와 참나물무침

4인분
요리 시간 30분

주재료
참나물 100g
차돌박이 600g

참나물무침 양념 재료
고춧가루 4
간장 2
설탕 1
참기름 1.5
통깨 1

소스 재료
간장 2
설탕 0.5
맛술 1
참기름 2
통깨 1

대체 식재료
차돌박이 ▶ 샤브샤브용 쇠고기

Cooking Tip
차돌박이는 굽는 도중 기름이 많이 나오므로 키친타월로 기름기를 제거하며 구우세요.

❶ 참나물은 질기고 두꺼운 줄기 부분은 다듬어 깨끗하게 씻은 다음 물기를 뺀다.

❷ 고춧가루 4, 간장 2, 설탕 1, 참기름 1.5, 통깨 1을 섞어 참나물에 넣어 가볍게 버무린다.

❸ 팬을 달구어 차돌박이를 한 장씩 구워 접시에 담는다.

❹ 간장 2, 설탕 0.5, 맛술 1, 참기름 2, 통깨 1을 섞어 차돌박이에 끼얹고 참나물무침을 곁들인다.

된장 소스 삼겹살구이

4인분
요리 시간 50분

주재료
삼겹살 600g
배추 잎 10장
소금 약간
영양부추 30g

된장 소스 재료
된장 3
간장 0.5
올리고당 3
우유 3
맛술 1
청주 1.5
참기름 1
통깨 1
후춧가루·마늘가루 약간씩

배추 샐러드 소스 재료
국간장 1
참기름 1
통깨 0.5
소금 약간

대체 식재료
된장 소스 ▶ 고추장 소스
마늘가루 ▶ 생강가루

Cooking Tip
된장 소스는 쉽게 타므로 중간에 잘 뒤적이며 노릇하게 구우세요.

❶ 삼겹살은 5~6cm 길이로 썰어 된장 3, 간장 0.5, 올리고당 3, 우유 3, 맛술 1, 청주 1.5, 참기름 1, 통깨 1, 후춧가루와 마늘가루 약간씩을 넣고 버무려 30분 이상 재운다.

❷ 배춧잎은 끓는 소금물에 2분 정도 데친 다음 찬물에 헹궈 물기를 꼭 짜서 송송 썬다. 영양부추는 3~4cm 길이로 썰어 배춧잎과 영양부추에 국간장 1, 참기름 1, 통깨 0.5, 소금 약간을 섞어 버무린다.

❸ 팬을 달구어 된장 소스에 재운 삼겹살을 얹어 노릇하게 굽는다.

❹ 접시에 삼겹살을 담고 배추 샐러드를 곁들인다.

⑨ 찹스테이크

4인분
요리 시간 40분

주재료
쇠고기 등심 400g
소금·후춧가루 약간씩
양송이버섯 4개
피망(작은 것) 2개
빨강 파프리카 1개
양파 2/3개
올리브오일 4

양념 재료
스테이크 소스 6
토마토케첩 4
씨 머스터드 1
설탕 2
꿀 1
소금·후춧가루 약간씩

대체 식재료
쇠고기 등심 ▶ 쇠고기 부채살, 채끝살

Cooking Tip
스테이크 소스 대신에 우스터소스, 발사믹 소스, 돈가스 소스를 넣거나 매콤한 맛을 원한다면 핫소스를 추가하면 돼요.

❶ 쇠고기는 2~3cm 두께로 썰어 소금과 후춧가루로 밑간하고 양송이버섯은 4등분하고 피망, 빨강 파프리카, 양파는 2~3cm 길이로 썬다.

❷ 팬을 달구어 올리브오일 2를 두르고 쇠고기를 넣어 굽다가 쇠고기가 70% 정도 익으면 접시에 덜어둔다.

❸ 쇠고기를 구운 팬에 올리브오일 2를 두르고 양파, 양송이버섯, 파프리카, 피망 순으로 넣고 볶는다.

❹ 볶아둔 쇠고기를 넣고 스테이크 소스 6, 토마토케첩 4, 씨 머스터드 1, 설탕 2, 꿀 1, 소금과 후춧가루 약간씩을 넣어 소스가 걸쭉해질 때까지 3~4분 정도 더 볶는다.

10 찹쌀 탕수육

4인분
요리 시간 50분

주재료
돼지고기 등심 300g
청주 1.5
생강즙 0.5
소금·후춧가루 약간씩
완두콩 3
튀김기름 적당량

반죽 재료
녹말가루 1컵
물 2컵
찹쌀가루 1/4컵
달걀흰자 2개분
식용유 5

소스 재료
물 2/3컵
간장 1
식초 3
설탕 4
녹말물 2

대체 식재료
돼지고기 등심 ▶ 돼지고기 안심

Cooking Tip
튀기는 도중에 물이 들어가면 기름이 튀니 녹말은 불려 물은 따라 버리고 앙금만 잘 받아 사용하세요.

❶ 돼지고기는 가로, 세로 8cm 크기로 넓적하게 저며 썰어 칼로 두드린 다음 청주 1.5, 생강즙 0.5, 소금과 후춧가루 약간으로 밑간한다. 완두콩은 끓는 물에 소금을 넣고 삶아 찬물에 헹궈 물기를 뺀다.

❷ 녹말가루 1컵에 물 2컵을 붓고 20분 이상 불려 윗물은 따라 버리고 앙금만 준비하여 찹쌀가루 1/4컵과 달걀흰자 2개분을 넣고 섞다가 식용유 5를 나누어 넣고 연유 농도 정도로 반죽한다.

❸ 돼지고기에 반죽을 골고루 묻혀 노릇하게 두 번 튀긴다.

❹ 팬에 물 2/3컵, 간장 1, 식초 3, 설탕 4를 넣고 끓여 소스가 끓으면 녹말물 2를 넣어 섞고 걸쭉해지면 튀긴 돼지고기와 완두콩을 넣고 재빨리 버무린다.

⑪ 쇼고기 파히타

Cooking Tip
토마토 살사를 따로 만들지 않고 구아카몰에 토마토, 양파, 할라피뇨 등을 추가해서 만들어도 좋아요.
사워크림이 없다면 무가당 요구르트에 레몬즙과 소금을 더해 간편하게 만들 수 있어요.

4인분
요리 시간 50분

주재료
쇠고기 구이용 400g
소금·후춧가루 약간씩
양상추 1/4통
피망 2개
빨강 파프리카 2개
양파 2개
슬라이스치즈 4장
식용유 적당량
사워크림 적당량
토르티야 8장

구아카몰 재료
아보카도 1
레몬즙 1
소금·후춧가루 약간씩

토마토 살사 재료
토마토 1
양파 1/4개
풋고추 1개
홍고추 1개
할라피뇨 슬라이스 10쪽
올리브오일 4
레몬즙 1
화이트 와인 비네거 1
핫소스 1
설탕 0.5
소금·후춧가루 약간씩

❶ 쇠고기는 소금과 후춧가루로 20분 정도 밑간한다.

❷ 양상추, 피망, 빨강 파프리카, 양파는 10cm 길이로 채 썰고 슬라이스치즈는 3~4cm 길이로 채 썬다.

❸ 아보카도는 적당히 익은 것으로 골라 칼집을 넣고 손으로 비틀어 돌려 씨를 빼내고 껍질을 벗기고 곱게 으깨어 레몬즙 1, 소금과 후춧가루 약간씩과 섞어 구아카몰을 만든다.

❹ 토마토와 양파는 작게 썰고 풋고추와 홍고추는 씨를 빼서 잘게 다지고 할라피뇨도 잘게 다지고 올리브오일 4, 레몬즙 1, 화이트 와인 비네거 1, 핫소스 1, 설탕 0.5, 소금과 후춧가루 약간씩을 넣고 섞어 토마토 살사를 만든다.

❺ 팬을 달구어 식용유를 두르고 양파를 넣어 볶다가 소금으로 간하여 접시에 담아 두고 팬에 파프리카와 피망을 넣고 볶다가 소금과 후춧가루로 간하여 접시에 담는다. 팬에 식용유를 약간 두르고 쇠고기를 구워 적당한 크기로 썬다.

❻ 팬을 달구어 토르티야를 따끈하게 구워 쇠고기, 양상추, 피망, 빨강 파프리카, 양파, 치즈, 구아카몰, 토마토 살사, 사워크림을 얹고 돌돌 만다.

⑫ 샤브샤브 냉채

4인분
요리 시간 40분

주재료
쇠고기 샤브샤브용 600g
맥주 1컵
물 2컵
소금 약간
양배추 1/4통
적양파 1/2개
영양부추 20g

땅콩 겨자 소스 재료
땅콩버터 3
마요네즈 1.5
연겨자 0.5
다진 양파 3
다진 마늘 1
설탕 1.5
간장 1
식초 1.5
물 2

채소 드레싱 재료
간장 1.5
꿀 0.5
맛술 1
참기름 1
깨소금 약간

대체 식재료
맥주 ▶ 청주

❶ 냄비에 맥주, 물, 소금을 넣고 끓여 팔팔 끓으면 쇠고기를 한 장씩 넣고 데친 다음 한 김 식혀 냉장고에 보관한다.

❷ 땅콩버터 3, 마요네즈 1.5, 연겨자 0.5, 다진 양파 3, 다진 마늘 1, 설탕 1.5, 간장 1, 식초 1.5, 물 2를 섞어 땅콩 겨자 소스를 만든다.

❸ 양배추는 채 썰고 적양파는 링 모양으로 썰고 영양부추는 5cm 길이로 썰어 각각 찬물에 담가두었다가 먹기 직전에 물기를 뺀다.

❹ 접시에 차게 해둔 쇠고기를 담고 땅콩 겨자 소스를 적당량 얹거나 곁들이고 간장 1.5, 꿀 0.5, 맛술 1, 참기름 1, 깨소금 약간을 섞어 채소에 끼얹어 곁들인다.

13 떡갈비

4인분
요리 시간 1시간 20분
(갈비 핏물 빼는 시간 2시간)

주재료
쇠갈비 8대
밀가루 2
다진 쇠고기(갈빗살) 300g
식용유 적당량
꿀 1
참기름 1
잣가루 2

양념 재료
다진 파 3
다진 마늘 1
간장 3
배즙 2
생강즙 0.5
꿀 2
설탕 2
청주 1
녹말가루 2
참기름 1
깨소금 0.5
소금·후춧가루 약간씩

Cooking Tip
갈비에서 분리한 살만 다져 사용하면 갈빗살이 부족할 수 있으므로 다진 쇠고기를 더했어요. 간장으로만 간을 하면 반죽이 너무 질척해져 갈비가 뼈에 잘 달라붙지 않으므로 간장과 소금을 섞어 넣으세요.

❶ 갈비는 중간에 물을 갈아가며 찬물에 2시간 정도 담가 핏물을 빼서 뼈와 살을 분리해 뼈는 끓는 물에 넣고 삶아 건져 밀가루 2를 뿌린다.

❷ 갈비에서 분리한 살은 다지고 다진 쇠고기와 섞은 다음 다진 파 3, 다진 마늘 1, 간장 3, 배즙 2, 생강즙 0.5, 꿀 2, 설탕 2, 청주 1, 녹말가루 2, 참기름 1, 깨소금 0.5, 소금과 후춧가루 약간씩을 넣어 버무린다.

❸ 양념한 갈빗살을 뼈에 적당량씩 붙인다.

❹ 팬을 달구어 식용유를 두르고 떡갈비를 넣어 노릇해질 때까지 구운 다음 180℃로 예열한 오븐에서 15분 이상 구워 꿀 1과 참기름 1을 발라 그릇에 담고 잣가루 2를 솔솔 뿌린다.

⑭ 쇠고기 편육과 콩나물 냉채

4인분
요리 시간 1시간 20분

주재료
쇠고기 아롱사태 600g
콩나물 150g
청주 2
소금 약간
미나리 30g
배 1/4개
대파 1/2대

쇠고기 삶는 물 재료
물 8컵
양파 1/2개
대파 1/2대
마늘 4쪽
통후추 1

겨자 소스 재료
간장 1
꿀 2
식초 3
배즙 2
연겨자 0.5
소금 약간

간장 소스 재료
다진 마늘 1
간장 2
식초 1
맛술 0.5
설탕 0.5
레몬즙 1

❶ 냄비에 양파, 대파, 마늘, 통후추, 물 8컵 정도를 넣고 끓여 끓으면 쇠고기를 덩어리째 넣고 30분 정도 중간 불에서 푹 삶아 식힌다.

❷ 콩나물은 꼬리를 떼고 청주 2와 소금을 약간 넣은 물에 1분 정도 삶고 미나리는 5cm 길이로 썰어 끓는 소금물에 살짝 데친 다음 찬물에 헹궈 물기를 뺀다. 배는 채 썰고 대파는 5~6cm 길이로 채 썰어 찬물에 각각 담가두었다가 물기를 뺀다.

❸ 쇠고기가 식으면 랩으로 싸서 냉장고에 넣어 차갑게 보관했다가 얇게 썰고 간장 1, 꿀 2, 식초 3, 배즙 2, 연겨자 0.5, 소금 약간을 섞어 겨자 소스를 만들고 다진 마늘 1, 간장 2, 식초 1, 맛술 0.5, 설탕 0.5, 레몬즙 1을 섞어 간장 소스를 만든다.

❹ 접시에 쇠고기 편육을 돌려 담고 간장 소스를 두르고 볼에 콩나물, 미나리, 배, 대파를 담고 겨자 소스에 버무려 곁들인다.

15 닭강정

4인분
요리 시간 50분

주재료
닭 다리살 400g
청주 2
소금·후춧가루 약간씩
튀김기름 적당량
다진 땅콩 1/4컵
꿀 1

닭 다리살 반죽 재료
달걀흰자 1개분
녹말가루 8

양념 재료
식용유 1
다진 양파 3
다진 마늘 1
다진 풋고추 1
다진 홍고추 1
토마토케첩 4
고추장 2
간장 1
굴소스 1
맛술 1.5
올리고당 1
물 2

Cooking Tip
닭고기의 누린내가 심하면 우유에 1시간 정도 담가두었다가 사용하세요.

❶ 닭 다리살은 기름기를 떼고 한입 크기로 잘라 청주 2, 소금과 후춧가루 약간씩으로 20분 정도 밑간한다.

❷ 닭 다리살은 달걀흰자 1개분과 녹말가루 8에 버무려 튀김기름에 노릇하게 두 번 튀긴다.

❸ 팬을 달구어 식용유 1을 두르고 다진 양파 3과 다진 마늘 1을 넣어 노릇하게 볶다가 다진 풋고추 1과 다진 홍고추 1을 넣어 볶다가 토마토케첩 4, 고추장 2, 간장 1, 굴소스 1, 맛술 1.5, 올리고당 1, 물 2를 섞는다.

❹ 양념에 튀긴 닭과 다진 땅콩을 넣고 섞다가 꿀 1을 넣고 뒤적인다.

⑯ 미니 갈릭 스테이크

Cooking Tip
소스는 걸쭉한 상태까지 졸이되 타지 않도록 주의하세요.
접시는 미리 오븐에 넣어 따끈하게 데워두면 스테이크를 더 맛있게 먹을 수 있어요.

4인분
요리 시간 1시간

대체 식재료
식용유 ▶ 올리브오일

주재료
쇠고기 안심 4조각
소금·후춧가루 약간씩
마늘 8쪽
식용유 적당량

매시트포테이토 재료
감자 400g
버터 20g
설탕 1
소금·후춧가루 약간씩

당근조림 재료
당근 150g
설탕 4
소금 약간
물 1컵

스테이크 소스 재료
레드 와인 6
발사믹식초 6
간장 6
설탕 3
후춧가루 약간

❶ 쇠고기는 핏물을 빼고 소금과 후춧가루로 20분 정도 밑간한다.

❷ 감자는 삶아 뜨거울 때 으깨 버터 20g, 설탕 1, 소금과 후춧가루 약간씩을 넣고 섞는다. 당근은 5cm 길이로 잘라 모서리를 다듬고 끓는 소금물에 데쳐 설탕 4, 소금 약간, 물 1컵을 넣고 약한 불에서 졸인다.

❸ 마늘은 편으로 썰어 찬물에 담갔다가 물기를 빼고 팬을 달구어 식용유를 적당히 두르고 노릇하게 튀기듯 구워 소금을 뿌리고 키친타월에 올려 남은 기름을 뺀다.

❹ 마늘을 구운 팬에 스테이크 소스 재료인 레드 와인 6, 발사믹식초 6, 간장 6, 설탕 3, 후춧가루 약간을 넣고 졸인다.

❺ 팬을 달구어 식용유를 두르고 쇠고기 안심을 노릇하게 굽는다.

❻ 구운 쇠고기는 쿠킹포일에 싸서 5분 이상 그대로 두었다가 따끈하게 데운 접시에 담아 소스를 끼얹고 튀긴 마늘을 얹고 매시트포테이토와 당근조림을 곁들인다.

01 지라시 스시

Cooking Tip
칵테일새우 대신 큰 새우를 이용한다면 반을 갈라 넣으세요.
지라시 스시를 투명한 컵에 담으면 손님들이 하나씩 들고 먹기 편하고 보기에도 예뻐요.

4인분
요리 시간 1시간

대체 식재료
참나물 잎 ▶ 깻잎

주재료
밥 3공기
연근 8쪽
식초 4
청주 2
칵테일새우 8마리
표고버섯 2개
간장 1
맛술 1
설탕 0.5
물 2

오이 1개
소금 약간
달걀 2개
다시마 육수 2
청주 0.5
설탕 약간
소금 약간
참나물 잎 8장
식용유 적당량

연근·칵테일새우
단촛물 재료
물 1/2컵
식초 4
설탕 2
소금 약간

배합초 재료
식초 4.5
설탕 3
소금 약간

❶ 연근은 얇게 썰어 물 2컵과 식초 4를 넣고 끓인 물에 넣고 2~3분 정도 데쳐 물 1/2컵, 식초 4, 설탕 2, 소금 약간을 섞은 단촛물에 30분 이상 절인다.

❷ 물 2컵과 청주 2를 붓고 끓인 물에 칵테일새우를 넣고 살짝 데쳐 물 1/2컵, 식초 4, 설탕 2, 소금 약간을 섞은 단촛물에 30분 이상 절인다.

❸ 표고버섯은 적당한 크기로 썰어 간장 1, 맛술 1, 설탕 0.5, 물 2에 20분 정도 재워서 냄비에 넣고 약한 불에서 1~2분 정도 졸여 물기를 살짝 짠다.

❹ 오이는 돌려 깎기해 채 썰어 소금을 뿌려 살짝 절였다가 물기를 꼭 짠다. 달걀은 알끈을 제거하고 체에 내려 다시마 육수 2, 청주 0.5, 설탕과 소금 약간씩을 잘 섞어 지단을 부쳐 8cm 길이로 채 썰고 참나물 잎을 준비한다.

❺ 식초 4.5, 설탕 3, 소금 약간을 살짝 끓이거나 전자레인지에 넣고 30초 정도 돌려 설탕을 녹여 밥에 넣고 주걱을 세워가며 섞어 초밥을 만든다.

❻ 그릇에 초밥을 담고 오이채, 달걀지단 순으로 덮은 다음 연근, 칵테일새우, 표고버섯, 참나물 잎을 모양내어 얹는다.

02 연어 새싹채소 초밥

4인분
요리 시간 30분

주재료
밥 3공기
연어 300g
식용유 1
날치알 100g
오렌지 주스 1/2컵
새싹채소 50g
단무지(20cm) 3줄

연어 밑간 재료
소금·후춧가루 약간씩

배합초 재료
식초 4.5
설탕 3
소금 약간

Cooking Tip
메인 요리가 무겁고 느끼하다면 밥은 상큼하고 가벼운 초밥을 준비하세요.

❶ 연어는 소금과 후춧가루를 약간씩 뿌려 밑간하여 달군 팬에 식용유 1을 두르고 노릇하게 구워 한 김 식으면 손으로 잘게 부순다.

❷ 날치알은 해동하여 오렌지 주스에 5분 정도 담가두었다가 체에 밭쳐 물기를 뺀다.

❸ 새싹채소는 찬물에 담가두었다가 먹기 직전에 물기를 빼고 단무지는 잘게 다진다.

❹ 식초 4.5, 설탕 3, 소금 약간을 섞어 살짝 끓이거나 전자레인지에 넣고 30초 정도 돌려 설탕을 녹인 다음 밥에 넣어 섞고 연어, 날치알, 새싹채소, 단무지를 넣고 버무린다.

03 연근튀김을 얹은 쇠고기롤

4인분
요리 시간 50분

주재료
밥 3공기
쇠고기(구이용) 300g
연근 1/2개
튀김기름 적당량
소금 약간
새싹채소 적당량
참기름 2

쇠고기 양념 재료
간장 2
청주 1.5
참기름 0.5
설탕 0.5
후춧가루 약간

밥 양념 재료
배추김치 4장
다진 마늘 3
식용유 1
설탕 1
소금 약간
참기름 1.5
통깨 1
송송 썬 실파 4

Cooking Tip
쇠고기는 정육점에서 구이용으로 얇게 썰어달라고 부탁하거나 샤브샤브용으로 준비하세요. 쇠고기롤은 모양이 예뻐서 초대 요리에 식사 대신 대접하면 인기가 좋아요.

❶ 쇠고기는 8~10cm 크기로 얇게 썬 것으로 준비해 간장 2, 청주 1.5, 참기름 0.5, 설탕 0.5, 후춧가루 약간으로 양념하고 연근은 얇게 썰어 노릇하게 튀겨 소금을 뿌린다. 새싹채소는 찬물에 담가두고 배추김치는 소를 털어내고 씻어 물기를 꼭 짠 다음 송송 썬다.

❷ 팬을 달구어 식용유 1을 두르고 다진 마늘 3을 볶다가 배추김치를 넣고 1분 정도 더 볶다가 밥을 넣고 골고루 잘 섞다가 설탕 1, 소금 약간을 넣어 간하고 참기름 1.5, 통깨 1, 송송 썬 실파 4를 넣고 섞는다.

❸ 팬을 달구어 식용유를 약간 두르고 양념한 쇠고기를 한 장씩 넣고 굽는다.

❹ 밥을 한입 크기로 뭉쳐 쇠고기에 올려 돌돌 말아 쇠고기가 마르지 않도록 참기름을 덧바르고 새싹채소를 얹고 연근튀김을 올린다.

④ 아보카도 크랩롤

4인분
요리 시간 35분

주재료
밥 2공기
아보카도 2개
레몬즙 2
오이 1개
게맛살(16cm) 4줄
구운 김 2장

고추냉이 마요 소스 재료
마요네즈 2
연유 1
고추냉이 0.3
올리고당 0.5
소금·후춧가루 약간씩

배합초 재료
식초 3
설탕 2
소금 약간

대체 식재료
게맛살 ▶ 날치알, 참치

Cooking Tip
아보카도는 너무 익으면 뭉개질 수 있고 너무 익지 않으면 단단하고 밥에 잘 달라붙지 않으니 껍질이 녹색에서 검은색으로 변하려고 하는 중간 정도 숙성된 것으로 고르세요.

❶ 아보카도는 칼집을 넣고 손으로 비틀어 돌려 씨를 빼서 껍질을 벗겨 어슷하게 얇게 썰어 레몬즙 2를 뿌린다. 오이는 돌려 깎기해 채 썰고 게맛살은 적당한 크기로 찢어 고추냉이 마요 소스 재료로 버무린다.

❷ 식초 3, 설탕 2, 소금 약간은 살짝 끓이거나 전자레인지에 넣고 30초 정도 돌려 설탕을 녹인 다음 밥에 넣고 잘 섞는다.

❸ 구운 김은 반으로 잘라 밥을 적당량 얹어 김 끝부분까지 펴준 다음 뒤집어 오이와 게맛살을 넣고 돌돌 만다.

❹ 김초밥 위에 아보카도를 사선으로 겹쳐 얹어 아보카도가 롤에 잘 달라붙도록 랩으로 싼 다음 꼭꼭 눌러가며 말아 랩을 싼 채 조심히 썰고 랩을 벗긴다.

참치 회덮밥

4인분
요리 시간 20분
(냉동 참치 해동 시간 1시간)

주재료
밥 4공기
냉동 참치 1조각
소금 약간
오이 2/3개
당근 1/4개
배 1/6개
깻잎 8장
상추 4장
쑥갓 잎 적당량
풋고추 2개

초고추장 재료
고추장 4
식초 2
생강즙 약간
설탕 1.5
물엿 1.5
통깨 1

Cooking Tip
초고추장은 따로 만들지 않고 시중에 판매하는 제품을 이용하면 편리해요. 초고추장 농도가 너무 되직하면 배즙이나 탄산음료로 농도를 조절하세요.

❶ 냉동 참치는 미지근한 소금물에 5분 정도 담가 해동하여 면포로 감싸 냉장고에 1시간 이상 넣어 두었다가 깍둑썰기한다.

❷ 오이, 당근, 배, 깻잎은 채 썰고 상추와 쑥갓 잎은 적당한 크기로 뜯고 풋고추는 송송 썬다.

❸ 고추장 4, 식초 2, 생강즙 약간, 설탕 1.5, 물엿 1.5, 통깨 1을 섞어 초고추장을 만든다.

❹ 그릇에 밥을 담고 채소를 골고루 얹은 다음 참치를 올리고 초고추장을 곁들인다.

06 매콤 두부덮밥

Cooking Tip
매콤 두부덮밥은 마파두부덮밥과 비슷하나 집에 있는 식재료로 만드는 쉽고 빠른 한 그릇 요리예요.
두부는 노릇하게 구워 덮밥 소스에 넣고 마저 익혀야 쉽게 부서지지 않아요.

4인분
요리 시간 40분

대체 식재료
청양고추 ▶ 페페론치노

주재료
밥 4공기
다진 돼지고기 200g
두부 300g
소금 약간
가지 1개
양파 1/2개
풋고추 2개

홍고추 1개+1/2개
청양고추 2개
밀가루 4
식용유 3
고추기름 2
다진 마늘 1

덮밥 양념 재료
물 1컵+1/2컵
고춧가루 5
간장 1.5
설탕 1
소금 약간
녹말물 2
참기름 1

❶ 돼지고기는 다진 것으로 준비하고 두부는 가로, 세로 1.5cm 크기로 썰어 키친타월에 얹어 물기를 빼서 소금을 뿌리고 가지는 두부와 비슷한 크기로 썬다.

❷ 양파는 잘게 썰고 풋고추, 홍고추, 청양고추는 다진다.

❸ 두부는 밀가루 4를 골고루 묻혀 팬을 달구어 식용유를 두르고 노릇하게 굽는다.

❹ 팬을 달구어 고추기름 2를 두르고 다진 마늘 1과 양파를 넣어 볶다가 다진 고추를 넣고 볶는다.

❺ 돼지고기를 넣고 1~2분 정도 볶다가 가지를 넣고 1분 정도 볶다가 물 1컵+1/2컵, 고춧가루 5, 간장 1.5, 설탕 1을 넣고 약한 불에서 끓인다.

❻ 국물이 자작해지면 소금으로 간하고 녹말물을 부어가며 농도를 맞추고 두부를 넣고 살짝 볶다가 참기름 1을 넣어 밥에 얹는다.

⑦ 비빔소면

4인분
요리 시간 30분

주재료
소면 350g
오이 1개
양파 1개
달걀 2개
배추김치 6장
소금 약간
참기름 2
김 1장
통깨 약간

김치 밑간 재료
참기름 1
설탕 0.5

양념 재료
고춧가루 6
간장 4
설탕 2
참기름 2
통깨 1

Cooking Tip
소면을 삶다가 물이 끓으면 찬물을 부어가며 끓이고 삶은 뒤에는 찬물에서 비벼가며 씻어야 면발이 쫄깃하고 탱탱해요.

❶ 오이는 돌려 깎기해 채 썰고 양파는 채 썰어 찬물에 담가두었다가 체에 밭쳐 물기를 빼고 달걀은 삶아 반으로 썬다.

❷ 배추김치는 소를 털어내고 물에 씻어 물기를 꼭 짠 다음 송송 썰어 참기름 1과 설탕 0.5로 밑간한다.

❸ 끓는 소금물에 소면을 삶다가 물이 끓어오르면 찬물 1컵을 붓는 과정을 한 번 더 반복하여 소면이 익으면 찬물에 비벼가며 헹귀 물기를 뺀 다음 참기름 2를 넣고 조물조물 버무린다.

❹ 볼에 국수, 오이, 양파, 배추김치, 고춧가루 6, 간장 4, 설탕 2, 참기름 2, 통깨 1을 넣고 골고루 버무려 그릇에 담고 김을 잘게 썰어 뿌리고 삶은 달걀을 얹고 통깨를 뿌린다.

4인분
요리 시간 50분

주재료
생칼국수면 500g
닭 가슴살 2조각
볶은 들깨가루 1컵+1/2컵
국간장 4
소금 약간

닭 가슴살 삶는 물 재료
물 6컵
무 100g
청주 1
소금 약간

닭 가슴살 양념 재료
국간장 1
볶은 들깨가루 1.5

Cooking Tip
요리를 마무리하고 살짝 헛헛한 속을 채우기에 적당한 메뉴로 국물 요리를 대신하기 좋아요. 칼국수면은 따로 끓여 찬물에 헹궜다가 육수에 넣어야 국물이 깔끔하고 면도 탱탱해요. 육수에 볶은 들깨가루와 멥쌀가루를 섞어서 사용하면 농도가 더 되직해요.

⑧ 들깨 닭 칼국수

❶ 물 6컵에 무 100g, 청주 1, 소금 약간, 닭 가슴살을 넣고 10분 이상 삶아 불을 끄고 뚜껑을 덮어 남은 열로 익혀 한 김 식으면 적당한 크기로 찢어 국간장 1과 볶은 들깨가루 1.5를 넣어 조물조물 버무리고 닭고기 삶은 물은 육수로 활용한다.

❷ 육수에 볶은 들깨가루 1컵+1/2컵과 국간장 4를 넣고 끓인다.

❸ 생칼국수면은 끓는 물에 넣고 삶아 80% 정도만 익힌 다음 찬물에 헹궈 물기를 뺀다.

❹ 육수에 칼국수면을 넣고 끓이다가 소금으로 간하고 그릇에 담아 육수를 붓고 닭살을 얹는다.

⑨ 쇠고기 볶음우동

4인분
요리 시간 35분

주재료
생우동 700g
쇠고기(구이용) 400g
소금·후춧가루 약간씩
숙주 200g
양배추 150g
양파 1개
실파 6대
식용유 적당량
가다랑어포 1컵

우동 소스 재료
청주 4
데리야키 소스 6
굴소스 4
맛술 4

대체 식재료
우동 ▶ 쌀국수

Cooking Tip
데리야키 소스는 시중에 판매하는 제품을 사용했는데 데리야키 소스가 없다면 굴소스와 간장으로만 간을 맞춰도 돼요. 숙주는 아삭한 식감이 살아 있도록 요리의 마지막에 넣어 살짝만 볶으세요.

❶ 쇠고기는 얇게 저민 것으로 준비해 소금과 후춧가루로 밑간하고 숙주는 꼬리를 떼고 양배추와 양파는 채 썰고 실파는 5cm 길이로 썬다.

❷ 팬을 달구어 식용유를 적당히 두르고 양파, 쇠고기 순으로 볶다가 쇠고기가 반 정도 익으면 청주 4를 넣는다.

❸ 양배추를 넣고 살짝 볶다가 삶아둔 우동과 숙주를 넣고 볶는다.

❹ 데리야키 소스 6, 굴소스 4, 맛술 4를 넣어 소스가 자작해질 때까지 볶다가 실파를 넣고 살짝 볶아 그릇에 담고 가다랑어포를 듬뿍 올린다.

4인분
요리 시간 35분

주재료
메밀국수 4인분
무 150g
실파 4대
김 1/2장
레몬 4쪽
고추냉이 적당량

국물 재료
물 2컵
다시마(5×5cm) 1장
가다랑어포 15g
간장 1/2컵
설탕 4
맛술 5

Cooking Tip
더운 날에는 육수에 살얼음을 더하거나 무를 갈아서 얼음틀에 넣고 얼려 육수에 하나씩 넣으세요.

⑩ 냉모밀

❶ 물 2컵에 다시마를 넣고 끓으면 1~2분 더 끓이다가 불을 끄고 다시마를 건지고 가다랑어포를 넣어 5분 정도 우린 다음 면포에 국물을 거른다.

❷ 가다랑어포 국물에 간장 1/2컵, 설탕 4, 맛술 5를 넣고 끓여 차갑게 보관한다.

❸ 무는 강판에 갈고 실파는 송송 썰고 김은 잘게 썬다.

❹ 그릇에 삶은 메밀국수를 담고 김을 얹은 다음 국물, 간 무, 실파, 레몬, 고추냉이를 곁들인다.

⑪ 미트볼 파스타

Cooking Tip
펜네 파스타는 미트볼과 버무려 내도 좋으나 따로 곁들여 내면 접시에 담았을 때 더 예뻐요. 미트볼 반죽의 농도는 빵가루로 조절하고 토마토소스의 농도는 파스타 삶은 물로 조절하세요. 미트볼을 만들 때 돼지고기를 섞어서 사용하면 더 부드럽고 연해요.

4인분
요리 시간 1시간

대체 식재료
펜네 ▶ 푸실리, 파르펠레 등 쇼트 파스타

주재료
펜네 파스타 350g
소금 약간
올리브오일 적당량
양파 1개
마늘 3쪽
화이트 와인 4
토마토소스 2컵+1/2컵
허브(로즈메리 등) 약간

파스타 삶은 물 1/4컵
설탕 0.5
소금·후춧가루 약간씩
파슬리가루 0.5
파르메산치즈 적당량
식용유 적당량

미트볼 재료(3cm 30개)
다진 쇠고기 300g
다진 돼지고기 150g
다진 양파 4
소금 약간
달걀 1개
다진 마늘 1
빵가루 3/4컵
파슬리가루 1
설탕 0.5
너트메그 약간
소금·후춧가루 약간씩

❶ 다진 쇠고기·돼지고기는 핏물을 빼고 기름을 두르지 않은 팬에 다진 양파 4를 넣고 소금을 약간 뿌려 말갛게 볶아 수분을 빼서 덜어둔다. 볼에 다진 재료들과 나머지 미트볼 재료를 넣고 잘 치대어 3cm 크기의 볼로 빚는다.

❷ 팬을 달구어 식용유를 두르고 미트볼을 굴려가며 노릇하게 익힌다.

❸ 끓는 물에 소금과 올리브오일을 넣고 펜네 파스타를 넣고 9분 정도 삶아 올리브오일을 넣고 버무린다.

❹ 양파와 마늘은 다져 팬을 달구어 올리브오일을 두르고 볶다가 화이트 와인 4를 넣고 센 불에서 1~2분 정도 끓이다가 토마토소스 2컵+1/2컵과 허브를 넣고 끓여 농도가 너무 되직하면 파스타 삶은 물을 더한다.

❺ 소스가 걸쭉해지면 설탕 0.5, 소금과 후춧가루 약간씩으로 간한 다음 미트볼을 넣어 잘 섞고 파슬리가루를 뿌린다.

❻ 접시에 토마토소스 미트볼을 담고 파스타를 곁들인 후 파르메산치즈를 갈아 뿌린다.

⑫ 버섯 블루치즈 크림 파스타

4인분
요리 시간 40분

주재료
페투치네 350g
표고버섯 4개
양송이버섯 6개
미니 새송이버섯 20개
베이컨 4줄
양파 1개
마늘 3쪽
올리브오일 4
화이트 와인 5
생크림 1컵+1/5컵
우유 1컵
소금·후춧가루 약간씩
블루치즈 50g
다진 파슬리 약간
파르메산치즈 적당량

페투치네 삶는 물 재료
소금 약간
올리브오일 적당량

Cooking Tip
대중에게 잘 알려진 고르곤졸라를 포함한 블루치즈는 크림소스와 잘 어우러져 요리에 깊은 맛을 더해주는데 특유의 향을 싫어하는 사람이 많으므로 손님들의 취향을 고려해 치즈 양을 줄이거나 생략해도 돼요. 파스타는 설명서에 쓰여 있는 시간보다 1~2분 덜 삶으면 적당해요.

❶ 표고버섯과 양송이버섯은 두툼하게 썰고 미니 새송이버섯은 작은 것은 그대로 쓰고 큰 것은 반으로 자른다. 베이컨은 잘게 썰고 양파와 마늘은 다진다.

❷ 팬을 달구어 올리브오일 4를 두르고 다진 마늘과 다진 양파를 넣어 볶다가 마늘 향이 나면 베이컨과 표고버섯, 양송이버섯, 미니 새송이버섯을 넣고 볶다가 화이트 와인 5를 넣고 센 불에서 2분 정도 볶아 알코올을 날린다.

❸ 생크림 1컵+1/5컵을 붓고 약한 불에서 5분 정도 끓이다가 우유 1컵을 붓고 10분 정도 끓여 소스 양이 줄어들면 소금과 후춧가루로 간한다.

❹ 끓는 소금물에 올리브오일을 약간 넣고 페투치네를 넣어 약간 심이 씹히는 알단테로 8분 정도 삶는다. 페투치네를 소스에 넣고 볶다가 블루치즈를 넣고 잘 섞은 다음 다진 파슬리를 뿌려서 접시에 담고 파르메산치즈를 갈아 뿌린다.

해물 크림 떡볶이

4인분
요리 시간 40분

주재료
떡볶이떡 400g
오징어 몸통 1마리분
새우살 150g
브로콜리 150g
소금 약간
양송이버섯 5개
양파 1개
사각 어묵 3장
식용유 2
다진 마늘 1
화이트 와인 2
생크림 1컵+1/2컵
소금·후춧가루 약간씩

Cooking Tip
크림 떡볶이에 모차렐라치즈를 듬뿍 얹어 치즈가 녹을 때까지 전자레인지에 넣고 돌리면 더욱 고소한 맛이 나요. 생크림의 분량을 늘리거나 요리 마지막에 녹말물을 넣으면 소스가 더 걸쭉해요. 오징어는 살짝 데쳐서 넣어야 떡볶이에 붉은 물이 들지 않아요.

❶ 오징어는 껍질을 벗기고 사선으로 칼집을 넣어 적당한 크기로 잘라 끓는 물에 살짝 데치고 새우살은 씻어 이쑤시개로 등 쪽의 내장을 뺀다.

❷ 브로콜리는 작은 송이를 하나씩 떼어 끓는 소금물에 살짝 데쳐 찬물에 헹궈 물기를 빼고 양송이버섯은 모양을 살려 썬다. 양파는 채 썰고 떡볶이떡은 하나씩 떼어 물에 담가 두고 사각 어묵은 적당한 크기로 썬다.

❸ 팬을 달구어 식용유 2를 두르고 다진 마늘 1과 채 썬 양파를 볶다가 마늘 향이 나면 새우살을 넣고 화이트 와인 2를 넣어 센 불에서 1분 정도 익혀 알코올을 날린 다음 양송이버섯과 브로콜리를 넣고 살짝 볶는다.

❹ 생크림 1컵+1/2컵을 붓고 약한 불에서 10분 정도 자작하게 졸이다가 오징어, 떡볶이떡, 어묵을 넣고 5분 정도 끓여 소금과 후춧가루로 간한다.

⑭ 토마토소스 감자 뇨키

Cooking Tip
우리나라 수제비와 비슷한 메뉴인 뇨키는 일반적인 파스타가 아닌 특별한 메뉴를 선보이고 싶을 때 상에 내면 좋아요. 감자는 덩어리 없이 곱게 으깨야 부드럽고 토마토소스 대신 크림소스에 버무려도 맛있어요.

4인분
요리 시간 1시간

대체 식재료
바질 잎 ▶ 파슬리

주재료
감자 300g
덧밀가루 적당량
소금 약간
올리브오일 적당량
버터 5g
모차렐라치즈 1컵+1/2컵

소스 재료
양송이버섯 2개
양파 1/2개
마늘 3쪽
바질 잎 6장
토마토소스 1컵
설탕 약간
소금·후춧가루 약간씩

감자 반죽 재료
밀가루 120g
파르메산치즈가루 3
달걀노른자 1개
너트메그가루 약간
소금·후춧가루 약간씩

❶ 감자는 푹 무르게 삶아 뜨거울 때 곱게 으깨고 양송이버섯, 양파, 마늘은 다지고 바질 잎은 채 썰어 찬물에 담가둔다.

❷ 으깬 감자에 밀가루 120g, 파르메산치즈가루 3, 달걀노른자 1개, 너트메그가루, 소금과 후춧가루 약간씩을 넣고 반죽한다.

❸ 도마에 덧밀가루를 뿌리고 감자 반죽을 1.5cm 두께로 밀어 2cm 길이로 잘라 포크로 눌러 자국을 낸다.

❹ 끓는 소금물에 올리브오일을 약간 두르고 감자 반죽을 넣어 물 위로 떠오를 때까지 끓여 건져낸 다음 올리브오일을 넣어 버무린다.

❺ 팬에 올리브오일 2를 두르고 다진 마늘을 볶다가 향이 나면 다진 양파를 넣고 볶다가 양송이버섯을 넣고 살짝 볶은 다음 토마토소스 1컵을 넣고 약한 불에서 끓여 소스가 자작해지면 설탕, 소금과 후춧가루 약간씩을 넣고 바질 잎을 뿌린다.

❻ 오븐 용기에 녹인 버터를 바르고 삶아둔 뇨키를 담은 다음 토마토소스를 넣고 모차렐라치즈를 뿌려 200℃로 예열한 오븐에서 10분 정도 익힌다.

01 기본 피클 & 연근 비트 피클

4인분
요리 시간 20분

기본 피클 주재료
오이 2개
당근 1/2개
무 100g

연근 비트 피클 주재료
연근 1개
비트 50g

피클 단촛물 재료
물 2컵
식초 1컵+1/2컵
설탕 1컵+1/2컵
소금 4
피클링 스파이스 2

Cooking Tip
피클 국물이 뜨거울 때 재료에 부어야 피클이 금방 무르지 않아요. 피클을 담는 유리 용기는 끓는 물에 열탕 소독하여 사용하세요. 비트를 자를 때는 도마에 종이포일을 깔고 잘라야 도마에 물이 들지 않아요.

❶ 오이, 당근, 무는 5cm 길이로 썰어 오이의 씨 부분을 제거하고 용기에 담는다.

❷ 연근과 비트는 얇게 썰어 용기에 담는다.

❸ 냄비에 물 2컵, 식초 1컵+1/2컵, 설탕 1컵+1/2컵, 소금 4, 피클링 스파이스 2를 넣고 팔팔 끓인다.

❹ 피클 단촛물이 뜨거울 때 기본 피클과 연근 비트 피클을 담은 용기에 각각 붓고 한 김 식으면 냉장 보관한다.

4인분
요리 시간 30분

마늘종무침 재료
마늘종 200g
소금 약간
일본 된장 5
올리고당 0.3
맛술 1
청주 1
우유 1
통깨 0.5

양파절임 재료
양파 2개
간장 1/2컵
식초 1/4컵
물 1/4컵
설탕 4

Cooking Tip
김치처럼 손맛이 필요한 반찬류를 내놓기 고민일 때 쉽고 빠르게 만들 수 있는 간단한 곁들임 메뉴로 괜찮아요.

마늘종무침과 양파절임

02

[마늘종무침 만들기]

❶ 마늘종은 5cm 길이로 잘라 끓는 소금물에 2분 정도 데쳐 찬물에 헹궈 물기를 뺀다.

❷ 일본 된장 5, 올리고당 0.3, 맛술 1, 청주 1, 우유 1, 통깨 0.5를 섞어 마늘종을 넣어 버무린다.

[양파절임 만들기]

❶ 양파는 8등분한다.

❷ 냄비에 간장 1/2컵, 식초 1/4컵, 물 1/4컵, 설탕 4를 붓고 팔팔 끓여 뜨거울 때 양파를 담은 용기에 붓는다.

03 마리네이드 토마토

4인분
요리 시간 20분

주재료
방울토마토 40개
피망 2/3개
양파 1/3개
바질 잎 5장

마리네이드 드레싱 재료
식초 4
설탕 0.5
소금·후춧가루 약간씩
엑스트라 버진 올리브오일 6

Cooking Tip
새콤달콤한 곁들임 메뉴로 다른 요리를 준비하고 있을 때 내놓으면 손님들이 가볍게 먹기에 좋아요. 냉장고에 넣어 차게 두었다가 샐러드용으로 먹어도 좋고 구운 빵 위에 얹어 먹어도 맛있고 와인 안주로 내놓아도 손색이 없어요.

❶ 방울토마토는 끓는 물에 10초 정도 살짝 데쳐 찬물에 헹궈 껍질을 벗긴다.

❷ 피망, 양파, 바질 잎은 다진다.

❸ 볼에 식초 4, 설탕 0.5, 소금과 후춧가루 약간씩을 넣고 올리브오일 6을 조금씩 넣어가며 젓다가 피망, 양파, 바질을 넣고 섞는다.

❹ 토마토를 넣고 살짝 버무린다.

오이선

4인분
요리 시간 30분

주재료
오이 1개
소금 약간
식용유 적당량
쇠고기 60g
표고버섯 1개
달걀 1개

쇠고기·표고버섯 밑간 재료
간장 0.5
설탕 0.3
참기름 0.3

단촛물 재료
식초 1.5
설탕 1.5
소금 약간
물 1.5

Cooking Tip
오이를 소금에 절이면 색이 선명해지고 간이 배어요. 오이는 오래 볶으면 수분이 빠지고 모양이 예쁘지 않으니 식용유를 살짝만 두르고 센불에서 살짝 볶으세요. 달걀 흰자로 지단을 부칠 때 녹말가루를 약간 넣으면 잘 찢어지지 않아요.

❶ 오이는 굵은소금으로 비벼 씻고 길게 2등분하여 4cm 길이로 어슷하게 썰어 일정한 간격으로 칼집을 세 번 넣고 소금을 뿌려 절인다. 팬을 달구어 식용유를 약간 두르고 절인 오이를 넣고 살짝 볶아 식힌다.

❷ 쇠고기와 표고버섯은 4cm 길이로 채 썰어 간장 0.5, 설탕 0.3, 참기름 0.3에 버무려 밑간해 두었다가 식용유를 두른 팬에 살짝 볶는다.

❸ 달걀은 흰자와 노른자를 분리해 알끈을 제거하고 소금을 약간 넣고 잘 저어 각각 얇게 지단을 부쳐 3cm 길이로 곱게 채 썬다.

❹ 오이 사이에 달걀지단과 쇠고기 표고버섯볶음을 색을 맞춰 끼우고 식초 1.5, 설탕 1.5, 소금 약간, 물 1.5를 섞어 먹기 직전에 끼얹는다.

⑤ 웨지 감자

4인분
요리 시간 30분

주재료
감자 2개
소금 약간

버터 소스 재료
버터 20g
올리브오일 2
파르메산치즈가루 10g
파슬리가루 0.5
소금·후춧가루 약간씩

대체 식재료
파슬리가루 ▶ 로즈메리 등 허브

Cooking Tip
감자를 너무 푹 삶으면 굽기 전에 쉽게 부서지니 70% 정도만 익히세요. 매콤한 맛을 원하면 버터 소스에 칠리 파우더를 섞어도 좋아요. 웨지 감자에 베이컨과 치즈를 얹고 구워도 맛있어요.

❶ 감자는 웨지 모양으로 잘라 끓는 소금물에 넣고 5분 정도 삶아 70% 정도만 익힌다.

❷ 그릇에 버터를 담아 전자레인지에 녹여 올리브오일 2, 파르메산치즈가루 10g, 파슬리가루 0.5, 소금과 후춧가루 약간씩을 섞어 버터 소스를 만든다.

❸ 감자에 버터 소스를 넣고 잘 버무린다.

❹ 180℃로 예열한 오븐에서 15분 정도 노릇하게 굽는다.

4인분
요리 시간 40분

주재료
고구마 4개
베이컨 4장
실파(잎 부분) 2대
버터 40g
꿀 4
사워크림 적당량

대체 식재료
사워크림 ▶ 크림치즈

Cooking Tip
꿀과 버터만 넣고 구워도 달콤하고 고소하니 사워크림은 꼭 넣지 않아도 돼요. 고구마 위에 치즈를 얹어 녹여 먹어도 맛있어요.

06 통고구마구이

❶ 고구마는 껍질째 깨끗이 씻고 베이컨은 잘게 다져 팬을 달구어 기름을 두르지 않고 노릇하게 볶은 다음 덜어두고 실파는 송송 썬다.

❷ 고구마는 200℃로 예열한 오븐에서 25분 이상 굽는다.

❸ 익은 고구마에 칼집을 넣어 베이컨 칩을 채우고 버터 한 조각을 얹은 다음 꿀 4를 뿌려 다시 오븐에 넣어 버터가 녹고 꿀이 고구마에 골고루 스며들 때까지 5분 정도 굽는다.

❹ 고구마에 다진 실파를 뿌리고 사워크림을 얹거나 곁들인다.

01 단호박 꿀범벅 떡구이

4인분
요리 시간 35분

재료
단호박 1/3통
대추 8개
호두 10개
호박씨 2
물 1컵+1/2컵
화이트 와인 1.5
꿀 2.5
올리고당 1
소금 약간
식용유 1
찹쌀 절편 8조각
계핏가루 약간

Cooking Tip
고소하고 달콤해 어른뿐만 아니라 아이들도 좋아할 만한 영양 디저트예요. 견과류는 팬을 달구어 살짝 볶아야 더 고소해요.

❶ 단호박은 가로, 세로 1.5~2cm 크기로 썰고 대추는 돌려 깎기해 씨를 제거해서 4등분한다. 호두는 적당한 크기로 썰어 팬을 달구어 살짝 굽고 호박씨도 팬에 살짝 볶는다.

❷ 팬에 단호박과 물 1컵+1/2컵을 넣고 약한 불에서 끓여 호박을 익힌다.

❸ 호박이 익고 물이 자작해지면 대추, 호두, 호박씨를 넣고 섞다가 화이트 와인 1.5를 넣고 1분 정도 끓여 알코올을 날린 다음 꿀 1.5, 올리고당 1, 소금 약간을 넣고 골고루 섞는다.

❹ 팬을 달구어 식용유 1을 두르고 찹쌀 절편을 노릇하게 구워 단호박 꿀범벅을 적당량 얹고 나머지 꿀 1을 뿌리고 계핏가루를 솔솔 뿌린다.

4인분
요리 시간 40분

주재료
오렌지 2개
자몽 1개
포도(청포도 등) 1송이
체리 12개
레몬 1개
민트 잎 약간

시럽 재료
설탕 1/2컵
화이트 와인 1/4컵
물 1/4컵
소금 약간

대체 식재료
레몬 ▶ 라임

Cooking Tip
그냥 과일을 깎아 내기에는 왠지 밋밋할 것 같은 손님 초대상에 과일 대신 내면 좋아요. 꼬치에 과일을 종류별로 하나씩 꿰어 유리컵에 담아 내도 예뻐요.
섹션뜨기는 과일의 과육만 발라내는 방법으로 칼로 과일의 위와 아래 부분을 자른 다음 과육의 껍질을 벗겨요. 이 때 과육의 하얀 부분까지 모두 벗겨 속껍질과 과육 사이에 칼을 넣고 과육을 하나씩 발라내세요.

02 마체도니아

❶ 과일은 깨끗하게 씻어 오렌지와 자몽은 섹션 뜨기로 과육만 바르고 포도와 체리는 과육만 준비한다.

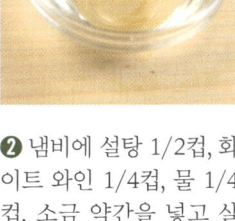

❷ 냄비에 설탕 1/2컵, 화이트 와인 1/4컵, 물 1/4컵, 소금 약간을 넣고 살짝 끓여 설탕이 녹으면 불을 끄고 한 김 식힌 다음 냉장 보관한다.

❸ 레몬은 즙을 낸다.

❹ 시럽에 과일을 넣고 잘 섞어 차갑게 보관했다가 먹기 직전에 레몬즙을 뿌린다.

③ 딸기 밀크 푸딩

4인분
요리 시간 30분
(굳히는 시간 4시간)

밀크 푸딩 재료
젤라틴 7g
우유 1컵
연유 4

딸기 푸딩 재료
딸기 12개
우유 1컵
연유 6
젤라틴 10g
딸기잼 적당량

대체 식재료
젤라틴 ▶ 한천
딸기잼 ▶ 딸기시럽

Cooking Tip
가루 젤라틴을 사용해도 되는데 판 젤라틴이 구하기 쉬워요. 판 젤라틴은 2장이 약 5g이에요. 젤라틴 대신 식물성 원료인 우뭇가사리로 만든 한천을 이용해도 돼요. 젤라틴은 물이 끓기 직전에 녹으므로 우유는 살짝 데우는 정도로만 끓이세요.
손님 초대 하루 전에 만들어도 좋고 뚜껑이 있는 유리병에 담아 선물용으로 만들어도 좋아요.

❶ 젤라틴 7g은 찬물에 5분 이상 담가 부드럽게 불려 물기를 꼭 짜고 우유 1컵에 연유 4를 넣어 잘 섞고 믹서에 장식할 딸기 2개를 제외한 나머지 딸기 10개와 우유 2/3컵, 연유 6을 넣고 곱게 간다.

❷ 냄비에 밀크 푸딩용으로 갈아둔 연유 우유와 불린 젤라틴을 넣고 젤라틴이 녹을 때까지만 약한 불에서 끓인다.

❸ 한 김 식으면 유리병에 붓고 냉장고에서 2시간 정도 굳힌다.

❹ 밀크 푸딩이 굳으면 냄비에 딸기 푸딩용 우유 1/3컵과 젤라틴 10g을 불려 넣고 젤라틴이 녹을 때까지만 끓여 한 김 식힌다. 믹서에 갈아둔 딸기 푸딩과 섞어 밀크 푸딩 위에 붓고 냉장고에서 2시간 정도 굳혀 딸기잼을 얹고 딸기로 장식한다.

4인분
요리 시간 40분

재료
크림치즈 150g
달걀 1개
설탕 3
우유 2
밀가루 2
라즈베리잼 100g
미니 타르트틀 16개

대체 식재료
라즈베리잼 ▶ 딸기잼

Cooking Tip
크림치즈에 라즈베리잼을 넣을 때는 완전히 섞지 말고 가볍게 섞어야 색상이 예뻐요.

04 라즈베리 크림치즈 타르트

❶ 볼에 크림치즈를 담고 거품기로 젓다가 달걀을 조금씩 넣고 섞는다.

❷ 설탕 3을 조금씩 넣어가며 젓다가 우유 2와 밀가루 2를 넣고 섞은 다음 라즈베리잼을 넣고 가볍게 젓는다.

❸ 지름 5~6cm 크기의 미니 타르트틀에 라즈베리 크림치즈를 넣는다.

❹ 160℃로 예열한 오븐에서 20분 정도 굽다가 실온에서 식혀 냉장고에 넣어 차갑게 보관한다.

05 초간단 티라미수

4인분
요리 시간 20분

주재료
에스프레소 200g
칼루아 30g
코코아가루 적당량
카스텔라 100g

치즈 무스 재료
생크림 200g
달걀노른자 4개(약 60g)
설탕 70g
크림치즈 200g

대체 식재료
진하게 탄 인스턴트커피
▶ 에스프레소
크림치즈 ▶ 마스카포네치즈

Cooking Tip
마스카포네치즈를 사용하면 더 부드럽고 맛있으나 구하기 쉬운 크림치즈로 만들어도 좋아요. 티라미수를 층층이 만들 때는 치즈 무스에 녹인 젤라틴을 넣으면 돼요.

❶ 생크림은 차가울 때 단단하게 휘핑하고 에스프레소에 칼루아를 섞는다.

❷ 볼에 달걀노른자를 넣고 설탕 70g을 두세 번에 나눠 넣으면서 잘 섞은 다음 끓는 물을 담은 볼에 얹어 걸쭉해질 때까지 충분히 젓다가 크림치즈를 넣고 섞는다.

❸ 거품 낸 생크림을 넣고 가볍게 섞는다.

❹ 컵 또는 작은 그릇에 카스텔라를 깔고 커피를 부어 촉촉하게 적신 다음 치즈 무스를 듬뿍 얹는다. 코코아가루를 체에 쳐서 골고루 뿌려 냉장고에서 1시간 이상 두었다가 차갑게 먹는다.

4인분
요리 시간 10분

재료
냉동 블루베리 1/3컵
볶은 콩가루 4
팥(통조림) 1컵
바닐라 아이스크림 1통
민트 잎 약간

Cooking Tip
팥조림을 직접 만든다면 냄비에 팥과 물을 넣고 삶아 첫물을 버리고 팥이 푹 무를 때까지 삶아요. 손으로 눌렀을 때 잘 으깨어지면 팥이 드러날 정도의 물만 남기고 나머지 물은 버리고 설탕을 나눠 넣고 한 방향으로 저어가며 끓이다가 농도가 되직해지면 소금을 약간 넣으세요.
팥조림은 식으면 농도가 더욱 짙어지니 아주 걸쭉한 농도가 될 때까지 조리지 않아도 돼요.

팥조림을 얹은 심플 아이스크림

❶ 냉동 블루베리와 볶은 콩가루를 준비한다.

❷ 통조림 팥은 사용 전 미리 그릇에 담아둔다.

❸ 그릇에 아이스크림을 담고 팥을 적당히 얹는다.

❹ 볶은 콩가루를 뿌리고 냉동 블루베리를 얹고 민트 잎으로 장식한다.

07 유자와 요구르트 셔벗

4인분
요리 시간 15분
(셔벗 얼리는 시간 6시간)

유자 셔벗 재료
물 2컵
유자차 1컵
레몬즙 1
꿀 3

요구르트 셔벗 재료
무가당 플레인 요구르트 1컵
+1/2컵
우유 1컵+1/2컵
올리고당 1/4컵
레몬즙 1
꿀 약간

Cooking Tip
셔벗은 얼면 단맛이 덜 느껴지니 약간 달다 싶을 정도로 만드세요. 셔벗을 얼리면서 서너 번은 긁어줘야 공기가 들어가 부드러워요. 딸기, 키위, 홍시, 커피 등으로 셔벗을 만들어도 좋아요. 요구르트 셔벗에 설탕을 넣고 싶다면 우유에 설탕을 넣고 살짝 끓여 녹여서 사용하면 돼요.

[유자 셔벗 만들기]

❶ 물 2컵을 끓여 유자차, 레몬즙, 꿀을 넣고 섞어 한 김 식힌다.

❷ 넓은 그릇에 부어 2시간 정도 얼려 살얼음이 낄 정도로 얼면 포크로 살살 긁는 과정을 세 번 정도 반복하여 그릇에 담는다.

[요구르트 셔벗 만들기]

❶ 무가당 플레인 요구르트 1컵+1/2컵, 우유 1컵+1/2컵, 올리고당 1/4컵, 레몬즙 1을 잘 섞는다.

❷ 넓은 그릇에 부어 2시간 정도 얼려 살얼음이 낄 정도로 얼면 포크로 살살 긁는 과정을 세 번 정도 반복하여 그릇에 담고 꿀을 약간 뿌린다.

08 오미자 화채

4인분
요리 시간 10분
(오미자 우리는 시간 10시간)

재료
건오미자 50g
물 1.5ℓ
꿀 1/4컵
설탕시럽(설탕:물 = 1:1) 1/2컵
배 1/6개
잣 약간

Cooking Tip
오미자 우린 물에 설탕을 넣어 섞으면 잘 녹지 않으므로 설탕과 물을 1:1로 섞어 살짝 끓인 시럽을 식혀서 사용하세요. 꿀 대신 설탕시럽만 넣어도 돼요. 꿀과 설탕시럽은 취향껏 넣으세요.

❶ 오미자는 체에 밭쳐 깨끗이 씻어 물을 3컵 정도 붓고 하룻밤 우린다.

❷ 체에 면포를 깔고 부어 오미자는 걸러내고 오미자 우린 물에 나머지 물, 꿀, 설탕시럽을 넣어 섞고 냉장고에서 차갑게 보관한다.

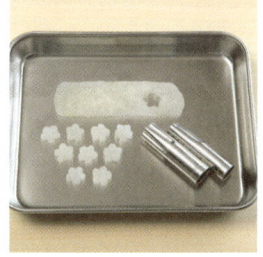

❸ 배는 얇게 저며 작은 모양틀로 찍어 설탕물에 담가둔다.

❹ 차갑게 보관한 오미자차에 배와 잣을 띄운다.

09 베리베리 스무디와 망고라씨

4인분
요리 시간 20분

베리베리 스무디 재료
딸기 1컵
블루베리·블랙베리·라즈베리 1컵
우유 2컵
무가당 플레인 요구르트 3/4컵
올리고당 3
레몬즙 1

망고라씨 재료
망고 과육 200g
무가당 플레인 요구르트 1컵 +1/4컵
우유 1컵
설탕 2
각얼음 2개

대체 식재료
망고 ▶ 파인애플
무가당 플레인 요구르트
▶ 아이스크림, 생크림

Cooking Tip
라씨는 인도의 전통 음료로 걸쭉한 요구르트인 다히에 물, 소금, 향신료 등을 섞어 만들어 짠맛이 나는데 단맛을 가미한 라씨도 인기가 많아요. 스무디와 라씨를 만들 때 냉동 과일을 사용하면 얼음을 따로 넣지 않아도 돼요. 남은 망고는 손질해서 얼려두면 유용하게 활용할 수 있어요.

[베리베리 스무디 만들기]

❶ 딸기와 베리류는 냉동 상태를 준비하거나 살짝 얼린다.

❷ 믹서에 모든 재료를 넣고 곱게 간다.

[망고라씨 만들기]

❶ 망고는 씨를 피해 세로로 자른 다음 바둑판 모양으로 칼집을 내고 뒤로 젖혀 과육만 바른다.

❷ 믹서에 모든 재료를 넣고 곱게 간다.

4인분
요리 시간 20분

재료
레드 와인 1병(750ml)
오렌지 3개
레몬 1개
사과 1/2개
굵은소금 약간
설탕시럽 1/2컵
탄산수 1컵

대체 식재료
레드 와인 ▶ 화이트 와인

Cooking Tip
탄산수 대신 사이다를 사용해도 되는데 이때는 시럽의 양을 줄이세요.

⑩ 상그리아

❶ 오렌지 1개, 레몬과 사과는 굵은소금으로 껍질을 문질러가며 깨끗하게 씻어 껍질째 얇게 썬다.

❷ 설탕 1/2컵과 물 1/2컵을 넣고 끓여 시럽을 만들어 한 김 식혀 냉장 보관한다.

❸ 나머지 오렌지 2개는 즙을 낸다.

❹ 유리병에 레드 와인, 오렌지즙, 탄산수, 시럽을 넣어 섞고 오렌지, 레몬, 사과를 넣어 냉장 보관했다가 먹기 직전에 꺼낸다.

Part 3

참 간단한
명절 밥상 30

Chapter 1   기본 명절 요리

Chapter 2   남은 명절 음식 활용하기

01 떡국

4인분
요리 시간 50분

주재료
떡국떡 600g
달걀 1개
소금 약간
식용유 1
실파 2대
김 1/2장
쇠고기(국거리용) 200g
국간장 1.5
쇠고기 육수 8컵
소금·후춧가루 약간씩

쇠고기 양념 재료
다진 파 1
다진 마늘 0.5
간장 1
참기름 0.5
후춧가루 약간

Cooking Tip
쇠고기 육수를 만들 때 무를 한 토막 넣어도 좋아요. 쇠고기 육수가 따로 준비되어 있다면 고명용으로 사용할 쇠고기는 핏물을 빼서 바로 양념해서 볶아 사용하세요. 소금 간만 하면 깊은 맛이 나지 않으니 국간장을 꼭 넣으세요.

❶ 떡국떡은 찬물에 10분 이상 담가두고 달걀은 알끈을 제거하고 소금을 약간 넣고 잘 풀어 체에 내린 다음 지단을 부쳐 얇게 채 썰고 실파는 송송 썰고 김은 채 썰거나 부순다.

❷ 냄비에 핏물을 뺀 쇠고기를 넣고 센 불에서 끓이다가 물이 끓으면 중간 불로 줄여 중간에 떠오르는 거품을 걷어가며 20분 이상 끓인다.

❸ 쇠고기는 건져 잘게 다지거나 채 썰어 다진 파 1, 다진 마늘 0.5, 간장 1, 참기름 0.5, 후춧가루 약간으로 양념하고 쇠고기를 삶은 육수에 떡국떡을 넣고 끓이다가 떡이 둥둥 떠오르면 국간장 1.5로 색을 내고 소금과 후춧가루로 간한다.

❹ 그릇에 떡국을 담고 실파를 뿌리고 양념한 고기를 얹고 달걀지단과 김을 얹는다.

청포묵무침

4인분
요리 시간 30분

주재료
청포묵 1모
쇠고기 60g
미나리 30g
숙주 50g
홍고추 1/2개
김 1/4장
달걀 1개
식용유 적당량

청포묵 밑간 재료
참기름 1.5
소금 약간

쇠고기 양념 재료
간장 0.3
참기름 0.3
후춧가루 약간

양념 재료
간장 1
참기름 1
설탕 0.3
소금 약간

Cooking Tip
양념에 식초를 넣어 새콤달콤하게 만들면 탕평채가 돼요. 청포묵을 무칠 때 간장을 많이 넣으면 청포묵 색상이 탁해지므로 간장과 소금을 섞어서 간하세요.

❶ 청포묵은 굵게 채 썰어 끓는 물에 넣고 투명해질 때까지 1~2분 정도 데쳐 바로 찬물에 담가 물기를 빼고 밑간한다. 쇠고기는 6cm 길이로 채 썰어 양념 재료에 살짝 재웠다가 팬을 달구어 식용유를 약간 두르고 볶는다.

❷ 미나리는 4cm 길이로 썰어 끓는 물에 데쳐 찬물에 헹궈 물기를 빼고 숙주는 머리와 꼬리를 떼고 데쳐 찬물에 헹궈 물기를 뺀다. 홍고추는 채 썰고 김은 잘게 자르고 달걀은 흰자와 노른자를 분리해 소금을 약간씩 넣고 황백지단을 부쳐 4cm 길이로 채 썬다.

❸ 볼에 청포묵, 쇠고기, 미나리, 숙주를 넣고 가볍게 버무리다가 간장 1, 참기름 1, 설탕 0.3, 소금 약간을 넣고 섞는다.

❹ 그릇에 청포묵무침을 담고 달걀지단과 김을 얹고 홍고추채로 장식한다.

03 잡채

4인분
요리 시간 40분

주재료
쇠고기 100g
불린 목이버섯 20g
간장 약간
참기름 1
당근 1/4개
양파 1/2개
오이 1/2개
소금 약간
식용유 적당량
당면 100g
간장 약간
참기름 0.5

쇠고기 밑간 재료
다진 마늘 0.3
간장 0.5
설탕 0.3
참기름 0.5
후춧가루 약간

양념 재료
간장 2
설탕 1.5
참기름 1.5
통깨 1
후춧가루 약간

Cooking Tip
잡채는 재료에 각각 밑간을 하고 따로 볶아 한데 버무려야 재료에 간이 잘 배어 맛있어요.

❶ 쇠고기는 채 썰어 다진 마늘 0.3, 간장 0.5, 설탕 0.3, 참기름 0.5, 후춧가루 약간으로 밑간하고 불린 목이버섯은 단단한 밑동을 떼어내고 적당한 크기로 뜯어 간장 약간과 참기름 0.5로 밑간한다.

❷ 당근과 양파는 채 썰고 오이는 돌려 깎기해서 채 썰고 소금을 약간 뿌려두었다가 팬에 살짝 볶아 펼쳐 식히고 당근과 양파도 각각 소금으로 간해서 볶는다.

❸ 팬을 달구어 식용유를 약간 두르고 목이버섯을 살짝 볶아 덜어두고 쇠고기도 볶는다. 끓는 소금물에 식용유를 약간 넣고 당면을 6분 정도 삶아 물기를 빼고 적당한 크기로 잘라 간장 0.5와 참기름 1로 밑간한다.

❹ 볼에 당면, 쇠고기, 목이버섯, 당근, 양파, 오이를 담고 간장 2, 설탕 1.5, 참기름 1.5, 통깨 1, 후춧가루 약간을 넣어 골고루 버무린다.

04 세 가지 전

4인분
요리 시간 1시간

완자전 재료(5cm 20개)
다진 돼지고기 400g
두부 200g
다진 파 2
다진 마늘 1
생강즙 0.3
설탕 약간
참기름 1.5
통깨 1
소금·후춧가루 약간씩
밀가루 적당량
달걀 2개
식용유 적당량

깻잎전 재료(10개)
완자전 반죽 250g
깻잎 10장
밀가루 적당량
달걀 1개
소금 약간
식용유 적당량

생선전 재료(10개)
동태살 200g
소금·후춧가루 약간씩
밀가루 적당량
달걀 1개
식용유 적당량

Cooking Tip
완자전을 만들 때 고기와 두부의 비율은 2:1이 적당해요.

❶ 두부는 면포에 꼭 짜서 다진 돼지고기와 섞어 다진 파 2, 다진 마늘 1, 생강즙 0.3, 설탕 약간, 참기름 1.5, 통깨 1, 소금과 후춧가루 약간씩을 섞어 반죽해서 5cm 크기로 동그랗고 납작하게 빚는다.

❷ 깻잎에 밀가루를 약간 묻히고 완자를 적당량씩 넣고 네모나게 감싼다.

❸ 완자전과 깻잎전은 밀가루, 달걀물 순으로 묻혀 팬을 달구어 식용유를 두르고 노릇하게 지진다.

❹ 동태살은 소금과 후춧가루를 약간씩 뿌려두었다가 키친타월에 올려 물기를 제거하고 밀가루, 달걀물 순으로 묻혀 팬을 달구어 식용유를 두르고 노릇하게 지진다.

⑤ 삼색 나물

Cooking Tip
도라지는 부드러워질 때까지 소금으로 바락바락 주물러 씻어 살짝 데쳐야 쓴맛이 사라져요. 쓴맛이 사라지지 않았다면 소금으로 주물러 씻은 다음 소금물에 잠시 담가두어도 좋아요. 데친 도라지는 찬물에 헹구면 안 돼요. 도라지는 소금으로만 간하고 고사리는 국간장과 소금을 섞어서 간하세요. 고사리는 비릿한 맛이 나므로 마늘을 더 넣어도 돼요.

4인분
요리 시간 1시간

시금치나물 재료
시금치 300g
다진 마늘 1
국간장 0.5
소금 약간
통깨 0.5
참기름 1

도라지나물 재료
도라지 200g
굵은소금 약간
식용유 1.5
다진 마늘 1
소금 약간
물 1/4컵
참기름 0.5
통깨 0.5

고사리나물 재료
고사리 200g
식용유 1.5
다진 마늘 1.5
국간장 1.5
소금 약간
물 1/4컵
참기름 1
통깨 0.5

[시금치나물 만들기]

❶ 시금치는 다듬어 끓는 소금물에 1분 정도 데쳐 찬물에 헹궈 물기를 빼고 적당한 크기로 자른다.

[도라지나물 만들기]

❶ 도라지는 적당한 크기로 자르고 가늘게 찢거나 잘라 소금을 뿌려 바락바락 주물러 씻어 쓴맛을 빼고 부드러워지면 찬물에 여러 번 씻어서 끓는 물에 살짝 데친다.

[고사리나물 만들기]

❶ 고사리는 억세고 뻣뻣한 줄기 부분을 다듬어 먹기 좋은 크기로 썰어 찬물에 잠시 담가두었다가 물기를 뺀다.

❷ 볼에 시금치, 다진 마늘 1, 국간장 0.5, 소금 약간, 통깨 0.5, 참기름 1을 넣고 조물조물 무친다.

❷ 팬을 달구어 식용유 1.5를 두르고 도라지를 1~2분 정도 볶다가 다진 마늘 1, 소금 약간, 물 1/4컵을 넣고 뚜껑을 덮고 익혀 물이 자작해지면 참기름 0.5와 통깨 0.5를 넣는다.

❷ 팬을 달구어 식용유 1.5를 두르고 고사리를 1~2분 정도 볶다가 다진 마늘 1.5, 국간장 1.5, 소금 약간, 물 1/4컵을 넣고 뚜껑을 덮고 익혀 물이 자작해지면 참기름 1과 통깨 0.5를 넣는다.

⑥ 녹두 빈대떡

Cooking Tip
녹두전 재료는 각각 양념해야 재료에 골고루 간이 배어 맛있고 두툼하게 부쳐야 식감이 좋아요. 재료 자체에 수분이 있으므로 녹두전 반죽에는 물을 많이 넣지 마세요.

4인분
요리 시간 1시간 20분
(녹두 불리는 시간 4시간 이상)

양념장 재료
다진 파 1.5
다진 마늘 0.5
고춧가루 0.5
간장 3
설탕 0.3
참기름 0.5
통깨 0.3

주재료
녹두 1컵
멥쌀 1/4컵
다진 돼지고기 150g
고사리 100g
배추김치 150g
숙주 100g
대파(흰 부분) 1대
홍고추 2개
물 1컵+1/4컵
식용유 적당량

돼지고기 밑간 재료
다진 마늘 0.5
생강즙 0.3
간장 1.5
참기름 1
후춧가루 약간

고사리 양념 재료
다진 마늘 0.3
간장 1
참기름 0.5

배추김치 양념 재료
설탕 0.3
참기름 1

숙주 양념 재료
참기름 0.5
소금 약간

❶ 녹두는 반나절 정도 찬물에 불리고 멥쌀은 1시간 정도 불려 체에 밭쳐 물기를 뺀다.

❷ 불린 녹두는 물에 담가 손으로 주물러 비벼가며 씻어 껍질이 뜨면 물을 갈아가며 씻는 과정을 반복해 껍질을 벗기고 체에 밭쳐 물기를 뺀다.

❸ 돼지고기는 분량의 재료로 밑간하고 고사리는 3cm로 썰어 데친 후 밑간하고 배추김치는 물에 씻어 물기를 빼고 송송 썰어 밑간한다. 숙주는 꼬리를 떼고 반으로 잘라 데쳐 밑간하고 대파는 4cm로 잘라 채 썰고 홍고추는 2cm로 채 썬다.

❹ 믹서에 불린 녹두와 물 1컵을 넣어 곱게 갈고 불린 멥쌀은 물 1/4컵을 넣고 믹서에 곱게 간다.

❺ 볼에 갈아둔 녹두, 멥쌀, 돼지고기, 고사리, 배추김치, 숙주, 대파를 넣고 살살 섞는다.

❻ 팬을 달구어 식용유를 넉넉하게 두르고 녹두 반죽을 두툼하게 펴서 한쪽 면에 홍고추채를 얹어 노릇하게 지지고 다진 파 1.5, 다진 마늘 0.5, 고춧가루 0.5, 간장 3, 설탕 0.3, 참기름 0.5, 통깨 0.3을 섞은 양념장을 곁들인다.

07 섭산적

4인분
요리 시간 45분

주재료
쇠고기(산적용) 300g
두부 100g
잣가루 2

양념 재료
다진 파 2
다진 마늘 1
생강가루 약간
간장 1
설탕 1.5
물엿 0.5
맛술 1.5
참기름 0.5
소금·후춧가루 약간씩

Cooking Tip
간장을 너무 많이 넣으면 반죽이 질척해질 수 있으니 간장과 소금을 섞어 간하세요.

❶ 쇠고기는 핏물을 빼서 곱게 다지고 두부는 면포에 담아 물기를 꼭 짠다.

❷ 볼에 쇠고기, 두부, 다진 파 2, 다진 마늘 1, 생강가루 약간, 간장 1, 설탕 1.5, 물엿 0.5, 맛술 1.5, 참기름 0.5, 소금과 후춧가루 약간씩을 넣고 잘 치대어 반죽한다.

❸ 쿠킹포일이나 종이포일에 반죽을 올리고 납작하게 펴서 칼등으로 살살 두드려 1cm 두께로 편다.

❹ 석쇠에 올려 굽거나 200℃로 예열한 오븐에서 20분 정도 구워 한 김 식으면 적당한 크기로 썰어 그릇에 담고 잣가루를 솔솔 뿌린다.

08 누름적

4인분
요리 시간 50분

주재료
쇠고기(산적용) 150g
마른 표고버섯 4개
가래떡(16cm) 2줄
당근 1개
소금 약간
실파 8대
달걀 2개
밀가루 1/2컵
식용유 적당량

떡 밑간 재료
간장 0.3
참기름 1

쇠고기 밑간 재료
다진 마늘 0.5
간장 1
설탕 0.5
참기름 1
깨소금 0.5
후춧가루 약간

표고버섯 밑간 재료
간장 0.5
설탕 약간
참기름 0.5

실파 밑간 재료
참기름 1
소금 약간

❶ 쇠고기는 산적용으로 준비해 핏물을 빼고 칼등으로 두드려 펴서 8cm 길이로 썰어 분량의 양념으로 밑간하고 마른 표고버섯은 물에 불렸다가 물기를 꼭 짜서 6cm 길이로 썰어 분량의 양념으로 밑간한다.

❷ 가래떡은 6cm 길이로 썰어 4등분해 찬물에 담가두었다가 건져 분량의 양념으로 밑간하고 당근은 6cm 길이로 썰어 끓는 소금물에 데쳐 소금을 뿌려준다. 실파는 6cm 길이로 썰어 분량의 양념으로 밑간한다.

❸ 팬을 달구어 식용유를 살짝 두르고 표고버섯, 쇠고기 순으로 각각 볶아서 꼬치에 기름을 바르고 쇠고기, 떡, 표고버섯, 당근, 실파를 꿰고 길이가 맞도록 끝부분을 다듬어 자른다.

❹ 달걀은 알끈을 제거하여 소금을 약간 넣어 풀고 꼬치에 꿴 재료를 밀가루, 달걀물 순으로 꼼꼼하게 묻혀 팬을 달구어 식용유를 두르고 노릇하게 지진다.

09 갈비찜

Cooking Tip
무와 당근 등의 단단한 채소는 번거롭더라도 모서리를 둥글게 다듬어 넣어야 조리 중에 부서지지 않아요.
갈비찜에는 마른 표고버섯을 불려 사용해야 버섯이 풀어지지 않아요.

4인분
요리 시간 1시간 30분
(갈비 핏물 빼는 시간 2시간)

주재료
갈비 1kg
무 150g
당근 2/3개
밤 6개
마른 표고버섯 4개
식용유 적당량
은행 8알
소금 약간
갈비 삶은 육수 2컵
꿀 2
장식용 달걀지단 약간

갈비 데치는 물 재료
양파 1/2개
대파 1/2대
마늘 6쪽
생강 1톨
청주 2

양념 재료
다진 파 3
다진 마늘 1.5
간장 10
배즙 5
양파즙 2
설탕 3
물엿 2
맛술 2
청주 1
참기름 1.5
통깨 0.5
소금·후춧가루 약간씩

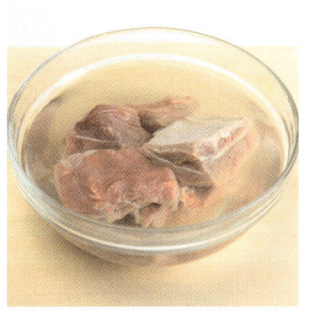
❶ 갈비는 중간에 물을 갈아가며 찬물에 2시간 이상 담가 핏물을 뺀다.

❷ 무와 당근은 3cm 길이로 썰어 모서리를 다듬고 밤은 껍질을 벗긴다. 마른 표고버섯은 물에 불려 기둥을 떼 2~3등분하고 달군 팬에 식용유를 둘러 은행을 볶다가 소금을 약간 뿌리고 키친타월에 비벼 껍질을 벗긴다.

❸ 끓는 물에 갈비를 넣고 살짝 데쳐 물기를 빼고 냄비에 갈비가 잠길 정도로 물을 붓고 분량의 데치는 물 재료를 넣고 끓으면 갈비를 넣고 약한 불에서 20분 정도 끓여 국물은 체에 밭쳐 둔다.

❹ 삶은 갈빗살에 칼집을 넣고 다진 파 3, 다진 마늘 1.5 등 준비한 분량의 양념 재료를 모두 섞어 3분의 2만 갈비에 넣고 잘 버무려 20분 이상 재운다.

❺ 냄비에 양념에 버무린 갈비와 갈비 삶은 육수 2컵을 붓고 5분 정도 끓이다가 당근과 무를 넣고 끓인다.

❻ 당근과 무가 어느 정도 익으면 나머지 양념과 밤, 표고버섯을 넣고 끓여 양념이 자작해지고 간이 잘 배면 윤기가 나도록 꿀을 두르고 은행을 넣고 섞어 접시에 담고 달걀지단으로 장식한다.

⑩ 세 가지 묵은 나물

Cooking Tip
묵은 나물은 시래기, 취나물, 호박고지, 고구마줄기, 말린 가지, 고사리, 토란대 등 다양해요. 시래기는 찬물에 오래 담가두면 물이 미지근해지면서 쓴맛이 고이므로 몇 시간에 한 번씩 물을 갈아줘야 해요. 시래기를 제외한 마른 나물은 찬물에 여러 번 헹궈야 특유의 냄새와 떫은맛이 사라져요. 마른 취나물을 50g 정도 불리면 200g 정도 돼요. 호박고지는 살이 연하므로 너무 오래 불리지 않고 물을 부어 뜸을 들이지 않고 살짝만 볶아도 돼요.
(멸치 다시마 육수 내는 법은 14쪽 참조)

4인분
요리 시간 1시간
(불리는 시간:
마른 시래기 10시간,
마른 취나물 6시간,
마른 호박고지 30분)

대체 식재료
묵은 나물 ▶ 말린 가지,
고사리, 토란대 등

시래기나물 양념 재료
마른 시래기 50g
다진 파 2
다진 마늘 1
국간장 3.5
들기름 1.5
깨소금 1
들기름 1
멸치 다시마 육수 1컵

취나물 양념 재료
마른 취나물 50g
다진 파 2
다진 마늘 1
국간장 3
들기름 1.5
깨소금 1
들기름 1
멸치 다시마 육수 3/4컵

호박고지나물 양념 재료
마른 호박고지 100g
다진 파 2
다진 마늘 1
국간장 1
참기름 1
깨소금 0.5
소금 약간
참기름 1
식용유 1

[시래기나물 만들기]

[취나물 만들기]

[호박고지나물 만들기]

❶ 마른 시래기는 찬물에 1시간 이상 불린 다음 40분 이상 푹 삶아 3~4시간 정도 담가두었다가 찬물에 여러 번 헹궈 하룻밤 담가둔다.

❶ 마른 취나물은 찬물에 1시간 이상 불린 다음 30분 이상 푹 삶아 반나절 정도 담가두었다가 찬물에 여러 번 헹궈 물기를 살짝 짠다.

❶ 호박고지는 미지근한 물에 30분 이상 불린 다음 찬물에 헹궈 살이 찢어지지 않게 조심스럽게 물기를 짠다.

❷ 시래기는 물기를 짜고 먹기 좋은 크기로 썰어 다진 파 2, 다진 마늘 1, 국간장 3.5, 들기름 1.5, 깨소금 1을 넣어 무친다. 달군 팬에 들기름 1을 두르고 볶다가 멸치 다시마 육수 1컵을 붓고 뚜껑을 덮어 약불에서 자작해질 때까지 뜸을 들인다.

❷ 취나물은 먹기 좋은 크기로 썰어 다진 파 2, 다진 마늘 1, 국간장 3, 들기름 1.5, 깨소금 1을 넣어 무친다. 달군 팬에 들기름 1을 두르고 볶다가 멸치 다시마 육수 3/4컵을 붓고 뚜껑을 덮어 뜸을 들인다.

❷ 호박고지는 다진 파 2, 다진 마늘 1, 국간장 1, 참기름 1, 깨소금 0.5, 소금 약간을 넣어 조물조물 무쳐 팬을 달구어 참기름 1과 식용유 1을 두르고 양념한 호박고지를 볶는다.

⑪ 오곡밥

4인분
요리 시간 1시간 20분
(불리는 시간:
찹쌀 2시간,
멥쌀 1시간,
검은콩 6시간,
찰수수 3시간)

재료
찹쌀 1컵
멥쌀 1/2컵
검은콩 1/4컵
차조 1/4컵
찰수수 1/4컵
팥 1/4컵
소금물(소금 0.2+물 1컵) 1컵
팥 삶은 물 1컵

Cooking Tip
오곡밥은 간이 살짝 되어야 맛있으므로 소금물로 밥을 지으세요.

❶ 찹쌀은 2시간 정도 불리고 멥쌀은 1시간 정도 불린다.

❷ 검은콩은 6시간 이상 불리고 차조는 여러 번 헹궈 고운체에 걸러 물기를 뺀다. 찰수수는 물을 갈아 가며 박박 문질러 씻어 떫은맛을 제거한 다음 3시간 이상 불린다.

❸ 팥은 찬물에 넣고 끓여 끓어오르면 첫물은 버리고 다시 물을 넉넉하게 부어 팥 알갱이가 터지지 않을 때까지 40분 정도 삶는다.

❹ 밥통 또는 솥에 쌀, 검은콩, 차조, 찰수수, 팥, 팥 삶은 물, 소금물을 넣고 밥을 짓는다.

4인분
요리 시간 1시간 20분

주재료
멥쌀가루 5컵
단호박가루 약간
쑥가루 약간
뜨거운 물 1/2컵 이상
참기름 적당량

소 재료
볶은 깨 1/2컵
설탕 1/4컵
소금 약간

대체 식재료
깨 소 ▶ 거피팥 소

Cooking Tip
깨 대신 거피팥이나 콩 등을 넣고 송편을 빚어도 좋아요. 송편을 바로 먹지 않을 때는 찬물에 헹궈 물기를 빼서 참기름을 발라 냉동 보관하세요. 방앗간에서 쌀을 가루로 낼 때 소금을 넣지 않았다면 멥쌀가루에 소금을 약간 넣고 섞어 체에 내려 사용하세요.

⑫ 송편

❶ 멥쌀가루는 3등분해 하나는 그대로 사용하고 하나는 단호박가루, 하나는 쑥가루를 섞어 뜨거운 물을 조금씩 넣어가며 익반죽해 겉이 마르지 않게 젖은 면포로 덮어둔다.

❷ 볶은 깨는 절구에 빻아 설탕과 소금을 넣고 섞는다.

❸ 반죽을 적당량씩 떼어 소를 넣고 송편을 빚는다.

❹ 찜통에 젖은 면포나 솔잎을 깔고 송편을 올려 20분 정도 찐 다음 5분 정도 뜸을 들여 한 김 식으면 참기름을 바른다.

⑬ 팥죽

Cooking Tip
팥을 삶을 때 첫물은 사포닌 성분이 있어 씁쓸하고 아린 맛이 나므로 버리세요. 새알심은 찹쌀가루와 멥쌀가루를 섞어 만들면 푹 퍼지는 것을 방지할 수 있고 새알심을 팥죽에 넣을 때 녹말가루를 살짝 묻히면 새알심끼리 달라 붙지 않아요.

4인분
요리 시간 1시간 50분

주재료
쌀 1/2컵
팥 1컵
소금 약간
물 10컵

새알심 재료
찹쌀가루 2/3컵
멥쌀가루 1/3컵
뜨거운 물 적당량
생강즙 0.3
소금 약간

❶ 쌀은 깨끗이 씻어 20분 이상 불린다.

❷ 볼에 찹쌀가루 2/3컵, 멥쌀가루 1/3컵, 뜨거운 물 적당량, 생강즙 0.3, 소금 약간을 넣고 뜨거운 물로 익반죽해 1.5cm 크기로 동글동글하게 새알심을 빚는다.

❸ 팥이 잠길 정도로 물을 붓고 끓여 첫물은 버리고 다시 10컵의 물을 붓고 팥알이 터지고 흐물거릴 때까지 약한 불에서 1시간 정도 삶는다.

❹ 삶은 팥은 뜨거울 때 체에 담아 주걱으로 으깨면서 내려 체에 껍질만 남도록 하고 팥물과 앙금을 받아 껍질은 버리고 앙금은 가라앉힌다.

❺ 냄비에 윗물만 따라 붓고 끓이다가 불린 쌀을 넣고 저어가며 끓인다.

❻ 쌀이 퍼지면 새알심을 넣고 계속 끓이다가 새알심이 떠오르면 팥 앙금을 넣고 소금으로 간한다.

⑭ 약식

Cooking Tip
약식은 찹쌀밥에 꿀, 참기름, 간장으로 간하고 밤과 대추 등을 섞어서 쪄낸 단맛이 나는 밥으로 약밥이라고도 해요. 흑설탕을 이용하면 탄 냄새가 날 수 있으므로 황설탕을 사용했어요. 대추고 만드는 법이 번거롭다면 약식에 넣지 않아도 돼요. 약식은 찜통에 쪄도 되지만 압력솥이나 전기밥솥, 오븐 등을 이용해도 좋아요.

4인분
요리 시간 1시간 20분
(찹쌀 불리는 시간 2시간)

주재료
찹쌀 2컵
밤 8개
대추 8개
잣 2
꿀 2
참기름 2

약식 양념 재료
황설탕 1/2컵
간장 2
참기름 3
대추고 2
캐러멜 소스 2
계핏가루 약간

대추고 재료
대추 20개
물 2컵

캐러멜 소스 재료
설탕 4
찬물 2
뜨거운 물 2

❶ 찹쌀은 2시간 이상 불려 찜통에 면포를 깔고 30분 정도 푹 무르게 찌고 밤은 껍질을 벗겨 4등분한다. 대추는 돌려 깎기 해 씨를 제거하고 과육을 3등분하고 잣은 고깔을 뗀다.

❷ 대추는 물 2컵을 넣어 푹 무르게 삶아 체에 내려 대추고를 만든다.

❸ 냄비에 설탕 4와 찬물 2를 넣고 젓지 않고 끓이다가 가장자리부터 타기 시작해 전체적으로 갈색이 되면 불을 끄고 뜨거운 물 2를 끼얹어 캐러멜 소스를 만든다.

❹ 찹쌀이 뜨거울 때 황설탕 1/2컵을 넣고 밥알이 한 알씩 떨어지도록 주걱으로 자르면서 고루 섞다가 간장 2, 참기름 3, 대추고 2, 캐러멜 소스 2, 계핏가루 약간을 넣어 잘 섞는다.

❺ 밤과 대추를 섞어 맛이 배도록 10분 정도 그대로 두었다가 찜통에 젖은 면포를 깔고 20분 정도 찐다.

❻ 적당한 크기로 빚어 표면에 꿀과 참기름을 덧바르고 잣을 속속 박는다.

⑮ 수정과

4인분
요리 시간 1시간

재료
물 12컵
생강 60g
계피 2조각(30g)
황설탕 1컵+1/5컵
흑설탕 2
곶감 4개
잣 적당량

Cooking Tip
흑설탕을 많이 사용하면 색이 진하고 탄 맛이 살짝 나므로 황설탕에 흑설탕을 약간 섞어서 사용하세요. 설탕 분량은 취향껏 조절하세요. 곶감은 먹기 직전 수정과에 넣어야 부드러워져요.

❶ 냄비에 물 6컵과 생강을 얇게 저며 넣고 20분 이상 끓인다.

❷ 다른 냄비에 물 6컵과 계피를 넣고 20분 이상 끓인다.

❸ 생강 끓인 물과 계피 끓인 물을 체에 내리고 황설탕 1컵+1/5컵과 흑설탕 2를 넣고 설탕이 녹을 때까지 끓인다.

❹ 수정과를 냉장고에 넣어 차게 식힌 다음 마시기 1시간 전에 곶감을 넣고 먹기 직전에 잣을 띄운다.

식혜

4인분
요리 시간 8시간

재료
엿기름가루 2컵
물 10컵
밥 200g
생강 10g
설탕 1컵
잣 적당량

Cooking Tip
맑은 식혜를 원하면 엿기름가루를 미지근한 물에 불려 체에 두 번 이상 거르세요. 식혜를 삭힌 뒤 밥알은 따로 건져 찬물에 씻어 단물을 빼고 물기를 빼두어야 식혜에 넣었을 때 잘 떠올라요. 엿기름물을 덜 삭히거나 너무 오래 삭히면 밥알이 떠오르지 않아요.

❶ 엿기름가루는 미지근한 물 10컵에 고루 풀어 1시간 정도 그대로 불린다.

❷ 불린 엿기름가루는 체에 밭쳐 손으로 바락바락 주물러가며 맑은 윗물만 거른다.

❸ 냄비에 거른 엿기름물을 넣어 살짝 끓인 다음 밥과 섞어 밥알이 떠오를 때까지 보온밥통에 넣고 5~6시간 정도 삭힌다.

❹ 밥알은 따로 건져 물에 씻어 물기를 빼서 따로 보관하고 냄비에 삭힌 엿기름물, 생강, 설탕을 넣어 거품을 걷어가며 끓이다가 식혜가 한 김 식으면 냉장고에 보관하고 먹기 직전에 밥알을 적당량 넣고 잣을 띄운다.

01 잡채 김말이튀김

4인분
요리 시간 30분

주재료
잡채 300g
김 3장
밀가루풀 약간
(밀가루:물 = 1:1)
튀김기름 적당량

튀김옷 재료
튀김가루 1컵
얼음물 1컵
소금 약간

초간장 재료
간장 1
식초 0.5
설탕 약간

Cooking Tip
튀김가루를 너무 묽게 만들면 재료에 반죽이 잘 묻지 않으므로 약간 되직한 농도로 맞추세요. 반죽에 얼음물을 넣어야 튀김이 바삭해요. 4등분한 김 1장에 잡채를 25~30g 정도 넣으면 적당해요.

남은 명절 음식

❶ 잡채는 적당한 크기로 썰고 김은 4등분한다.

❷ 튀김가루 1컵에 얼음물 1컵과 소금 약간을 넣고 걸쭉한 농도로 반죽한다.

❸ 김에 잡채를 적당량 올리고 끝 부분에 밀가루풀을 바르고 돌돌 만다.

❹ 잡채 김말이에 튀김옷을 골고루 입히고 튀김기름에 노릇하게 튀겨 여분의 기름을 빼고 간장 1, 식초 0.5, 설탕 약간을 섞어 곁들인다.

4인분
요리 시간 30분

주재료
갈비찜 200g
피망 1개
양파 2/3개
토르티야 4장
토마토소스 1/2컵
소금·후춧가루 약간씩
모차렐라치즈 1컵

요구르트 딥 재료
무가당 플레인 요구르트 1개 (85g)
꿀 0.5
레몬즙 1
소금 약간

대체 식재료
요구르트 딥 ▶ 사워크림

Cooking Tip
갈비찜이 남아서 곤란하다면 다져서 냉동 보관했다가 케사디야, 스파게티, 크로켓 등에 활용하면 색다른 요리를 맛볼 수 있어요.

남은 명절 음식

(02)

갈비찜 케사디야

❶ 갈비찜은 다지고 피망과 양파는 잘게 썬다.

❷ 토르티야는 해동해서 팬을 달구어 살짝 구워 토마토소스를 바르고 양파와 다진 갈비찜을 얹는다.

❸ 피망을 올리고 소금과 후춧가루를 약간씩 뿌리고 모차렐라치즈를 듬뿍 얹고 토르티야 한 장으로 덮는다.

❹ 180℃로 예열한 오븐에서 치즈가 녹을 때까지 10분 정도 구워 6등분 해서 접시에 담고 무가당 플레인 요구르트 1개, 꿀 0.5, 레몬즙 1, 소금 약간을 섞어 곁들인다.

03 매실 소스 산적 샐러드

4인분
요리 시간 25분

주재료
섭산적 10장
상추 15장
치커리 10줄기
깻잎 10장
대파 1/2대
홍고추 1개

매실 소스 재료
매실액 5
고춧가루 1.5
올리고당 0.5
레몬즙 1
깨소금 2
소금 약간

대체 식재료
섭산적 ▶ 산적
매실 소스 ▶ 유자청 소스

Cooking Tip
매실 소스는 육류와 궁합이 잘 맞아 육류에 곁들이는 채소 드레싱이나 양념으로 사용하면 좋아요. 집에 담가둔 매실액이 없다면 시중에 판매하는 매실액을 활용해도 돼요.

남은 명절 음식

❶ 섭산적은 가로, 세로 1.5cm 크기로 썰고 상추와 치커리는 깨끗하게 씻어 한입 크기로 뜯어 찬물에 담가두었다가 먹기 직전에 물기를 뺀다.

❷ 깻잎은 채 썰고 대파는 6cm 길이로 채 썰어 각각 찬물에 담가두었다가 먹기 직전에 물기를 빼고 홍고추는 5cm 길이로 채 썬다.

❸ 매실액 5, 고춧가루 1.5, 올리고당 0.5, 레몬즙 1, 깨소금 2, 소금 약간을 섞어 매실 소스를 만든다.

❹ 볼에 섭산적과 채소를 담고 매실 소스를 넣어 살살 버무린다.

4인분
요리 시간 25분

주재료
완자전 15개
오이 1/4개
당근 1/5개
양파 1/3개

소스 재료
간장 2
설탕 4
식초 4
물 1컵+1/5컵
녹말물 2

대체 식재료
오이 ▶ 피망

Cooking Tip
완자전이 질릴 무렵 탕수육으로 만들어 먹으면 새로워요. 완자전이 크면 반으로 잘라 사용하세요. 채소는 너무 오래 익히지 마세요.

④ 완자전 탕수

남은 명절 음식

❶ 오이와 당근은 완자 크기와 비슷하게 5~6cm 크기로 어슷하게 썰고 양파는 큼직하게 썬다.

❷ 팬에 녹말물을 제외한 간장 2, 설탕 4, 식초 4, 물 1컵+1/5컵을 넣고 끓으면 당근을 먼저 넣고 당근이 익을 때까지 3~4분 정도 약한 불에서 끓인다.

❸ 이어서 양파와 오이를 넣고 1~2분 더 끓이다가 녹말물을 두른다.

❹ 소스가 걸쭉해지면 완자를 넣고 재빨리 버무린다.

05 달걀말이 나물김밥

4인분
요리 시간 40분

주재료
시금치나물 80g
도라지나물 60g
고사리나물 60g
당근 1/3개
절임용 무 100g
식용유 적당량
밥 3공기
달걀 6개
녹말가루 1.5
소금 약간
김 4장

밥 양념 재료
설탕 0.5
참기름 1.5
통깨 1
소금 약간

대체 식재료
절임용 무 ▶ 단무지

Cooking Tip
달걀을 부칠 때 녹말가루를 약간 넣으면 달걀이 쉽게 찢어지지 않아요. 달걀말이 김밥 1개를 만들 때는 밥 150g과 달걀 1.5개를 사용하면 적당해요.

남은 명절 음식

❶ 당근과 절임용 무는 채 썰고 팬을 달구어 식용유를 두르고 당근을 넣어 볶다가 소금을 약간 뿌리고 시금치나물, 도라지나물, 고사리나물을 준비한다.

❷ 밥은 설탕 0.5, 참기름 1.5, 통깨 1, 소금 약간으로 양념하고 달걀은 알끈을 제거하고 녹말가루와 소금을 넣고 잘 풀어 체에 내린다.

❸ 김에 밥을 적당히 펴고 당근, 절인 무, 세 가지 나물을 넣고 돌돌 만다.

❹ 팬을 달구어 달걀물을 붓고 살짝 익으려고 할 때 김밥을 얹어 돌돌 말아 한 김 식으면 한입 크기로 썬다.

4인분
요리 시간 30분

재료
시금치나물 80g
도라지나물 60g
고사리나물 60g
감자 4개
녹말가루 4
소금 약간
식용유 적당량

대체 식재료
녹말가루 ▶ 쌀가루, 밀가루

Cooking Tip
감자는 미리 갈아두면 갈변하므로 먹기 직전 강판에 가세요.

06

나물 감자 부침개

남은 명절 음식

❶ 시금치나물, 도라지나물, 고사리나물은 잘게 썬다.

❷ 감자는 강판에 간다.

❸ 강판에 간 감자에 녹말가루와 소금을 넣고 3등분해 시금치나물, 도라지나물, 고사리나물을 각각 섞는다.

❹ 팬을 달구어 식용유를 두르고 각각의 감자 부침개를 부친다.

07 나물 비빔밥

4인분
요리 시간 30분

주재료
시금치나물·도라지나물·
고사리나물 80g씩
밥 4공기
쇠고기 150g
표고버섯 2개
당근 1/4개
달걀 4개
식용유 적당량
소금 약간
고추장 적당량
참기름 4
통깨 2

쇠고기 밑간 재료
다진 마늘 0.5
간장 2
설탕 0.5
참기름 1
통깨 0.5
후춧가루 약간

표고버섯 밑간 재료
간장 1
설탕 0.3
참기름 1

남은 명절 음식

❶ 쇠고기는 핏물을 빼서 곱게 채 썰어 다진 마늘 0.5, 간장 2, 설탕 0.5, 참기름 1, 통깨 0.5, 후춧가루 약간으로 밑간하고 표고버섯은 곱게 채 썰어 간장 1, 설탕 0.3, 참기름 1로 밑간하고 당근은 채 썬다.

❷ 팬을 달구어 식용유를 약간 두르고 달걀을 깨뜨려 소금을 약간 넣고 달걀 프라이를 한다.

❸ 팬에 식용유를 약간 두르고 당근을 볶다가 소금을 약간 넣고 이어서 표고버섯, 쇠고기 순으로 각각 볶고 나물을 준비한다.

❹ 그릇에 밥을 담고 쇠고기, 표고버섯, 당근, 나물을 돌려 담고 고추장을 얹은 다음 달걀 프라이를 올리고 참기름을 두르고 통깨를 뿌린다.

묵은 나물 물만두

08

4인분
요리 시간 50분

주재료
묵은 나물 150g
두부 150g
다진 돼지고기 250g
설탕 0.3
참기름 1.5
통깨 1
소금·후춧가루 약간씩
만두피 24장

초간장 재료
간장 1
식초 0.5
설탕 약간

Cooking Tip
반죽이 질면 밀가루나 쌀가루 등을 더 넣으세요.

남은 명절 음식

❶ 두부는 면포로 물기를 짜고 묵은 나물은 잘게 다지고 다진 돼지고기도 준비한다.

❷ 다진 돼지고기, 두부, 묵은 나물, 설탕 0.3, 참기름 1.5, 통깨 1, 소금과 후춧가루 약간씩을 섞어 차지게 반죽한다.

❸ 만두피에 반죽을 적당량 얹고 만두를 빚는다.

❹ 끓는 소금물에 만두를 넣고 떠오르면 건져 찬물에 헹궈 물기를 빼고 간장 1, 식초 0.5, 설탕 약간을 섞어 곁들인다.

⑨ 오곡밥 누룽지 피자

4인분
요리 시간 50분

재료
오곡밥 2공기
소금 약간
식용유 적당량
베이컨 3장
파프리카 2/3개
피망 1개
양송이버섯 2개
토마토소스 1/2컵
파르메산치즈 2/3컵
파슬리가루 약간

Cooking Tip
오곡밥은 찰기가 많아 손에 식용유를 약간 묻혀야 붙지 않고 잘 빚을 수 있어요.

남은 명절 음식

❶ 오곡밥은 소금을 약간 섞고 손에 식용유를 살짝 묻힌 다음 오곡밥을 10cm 크기로 동그랗게 빚어 팬을 달구어 약한 불에서 앞뒤로 노릇하게 구워 누룽지를 만든다.

❷ 베이컨, 파프리카, 피망은 잘게 썰고 양송이버섯은 모양을 살려 썬다.

❸ 오곡밥 누룽지에 토마토소스를 바르고 베이컨, 파프리카, 피망, 양송이버섯 순으로 올린 다음 파르메산치즈와 파슬리가루를 뿌린다.

❹ 오곡밥 누룽지 피자는 200℃로 예열한 오븐에서 15분 정도 굽는다.

4인분
요리 시간 30분

주재료
오곡밥 2공기
물 4컵
호두 12개
우유 1컵
소금 약간

Cooking Tip
오곡밥이 남았을 때 만들면 좋은 건강죽으로 돌 지난 아이의 이유식으로도 좋아요.

호두 오곡죽

남은 명절 음식

❶ 믹서에 오곡밥과 물 2컵을 넣고 곱게 간다.

❷ 호두와 우유 1/2컵을 믹서에 넣고 거칠게 간다.

❸ 냄비에 갈아둔 오곡밥과 나머지 물 2컵을 붓고 약한 불에서 5분 정도 끓인다.

❹ 갈아둔 호두와 나머지 우유 1/2컵을 붓고 걸쭉해질 때까지 끓여 소금으로 간한다.

⑪ 팥죽조림 만두튀김

4인분
요리 시간 50분

재료
팥죽 300g
설탕 4.5
계핏가루 약간
만두피 15장
튀김기름 적당량

대체 식재료
만두피 ▶ 춘권피

Cooking Tip
달지 않게 만든 팥죽을 기본으로 응용해 만든 레시피로 달콤한 팥죽으로 만든다면 설탕의 양을 반 이상 줄이세요. 팥죽조림 만두튀김은 뜨거울 때 먹어야 맛있어요.

남은 명절 음식

❶ 팥죽에 설탕을 넣고 약한 불에서 계속 저어가며 수분이 날아가도록 찐득해질 때까지 15분 이상 졸인다.

❷ 팥죽이 졸아들면 계핏가루를 뿌려 섞어 팥죽조림을 만든다.

❸ 팥죽조림을 한 김 식혀 만두피에 적당량 넣어 만두를 빚는다.

❹ 튀김기름에 노릇하게 튀긴다.

고구마 가래떡 맛탕

4인분
요리 시간 35분

주재료
가래떡(15cm) 2개
밤고구마 3개
튀김기름 적당량
검은깨 1

시럽 재료
물 2
설탕 6
물엿 4
소금 약간

대체 식재료
고구마 ▶ 밤

Cooking Tip
고구마는 껍질을 벗기지 않고 그대로 사용해도 좋아요. 떡은 너무 오래 튀기면 뻥튀기처럼 사방으로 튈 수 있어 위험하므로 겉이 딱딱해지고 바삭해지면 바로 꺼내세요.
시럽은 처음에만 젓고 중간 이후에는 절대로 젓지 말아야 하고 연갈색을 띠면 바로 불을 끄세요. 시럽이 뜨거울 때 고구마와 떡을 넣고 버무려야 골고루 잘 묻어요.

남은 명절 음식

❶ 밤고구마는 껍질을 벗기고 길게 썬 다음 적당한 크기로 어슷하게 썰어 찬물에 10분 정도 담가두었다가 키친타월에 올려 물기를 빼고 가래떡은 고구마와 비슷한 크기로 썬다.

❷ 가래떡은 겉이 바삭해질 때까지만 살짝 튀기고 고구마는 노릇하고 먹음직스러운 색상이 날 때까지 튀겨 기름을 뺀다.

❸ 팬에 물 2와 설탕 6을 넣어 젓지 않고 끓여 설탕이 녹으면 물엿 4와 소금 약간을 넣고 연갈색이 날 때까지 끓인다.

❹ 시럽에 색이 나면 뜨거울 때 고구마와 떡을 넣고 재빨리 버무려 검은깨를 골고루 뿌린다. 고구마와 떡이 서로 달라붙지 않도록 접시에 식용유를 살짝 바르고 고구마와 떡을 하나씩 떨어뜨려 담아 식힌다.

⑬ 송편 치즈 떡볶이

4인분
요리 시간 30분

주재료
송편 20개
어묵 200g
대파 1대
물 2컵
모차렐라치즈 1/3컵

양념 재료
고추장 4
간장 2
설탕 2

Cooking Tip
춘장을 더해 짜장 떡볶이를 만들어도 좋아요.

남은 명절 음식

❶ 냉동해둔 송편은 해동하고 어묵은 적당한 크기로 잘라 끓는 물을 끼얹고 대파는 어슷하게 썬다.

❷ 팬에 물 2컵을 붓고 고추장 4를 넣어 풀다가 간장 2, 설탕 2를 넣고 끓여 끓으면 송편을 넣고 약한 불에서 끓인다.

❸ 물이 자작해지면 어묵을 넣고 끓이다가 대파를 넣는다.

❹ 내열 용기에 떡볶이를 담고 모차렐라치즈를 골고루 뿌린 다음 전자레인지에 넣어 2분 정도 돌려 치즈를 녹인다.

4인분
요리 시간 6시간

주재료
수정과 6컵
곶감 4개
통호두 4개
꿀 적당량
계핏가루 약간

Cooking Tip
단맛이 있는 수정과라도 얼리면 단맛이 덜해지므로 수정과 셔벗을 그릇에 담고 꿀을 뿌리세요. 계핏가루는 수정과와 잘 어울려요.

⑭ 수정과 셔벗

남은 명절 음식

❶ 수정과는 넓은 그릇에 부어 2시간 정도 얼린다.

❷ 수정과가 살얼음이 낄 정도로 얼면 포크로 살살 긁는 과정을 세 번 정도 반복한다.

❸ 곶감은 꼭지를 떼고 잘 펴서 호두를 맞붙여 올린 다음 돌돌 말아 한입 크기로 썬다.

❹ 그릇에 수정과 셔벗을 담고 곶감 호두말이를 올린 다음 꿀을 뿌리고 계핏가루를 솔솔 뿌린다.

Index

가나다순

가

 가지 들깨무침 062

 갈비찜 188

 갈비찜 케사디아 201

 게살 수프 089

 고구마 가래떡 맛탕 211

 고등어 무조림 069

 고추잡채덮밥 031

 골뱅이무침 119

 관자구이와 파슬리 오일 112

 광어회 카르파치오 102

 기본 피클&연근 비트 피클 160

 깻잎찜 073

 꼬막무침 063

나

 나물 감자 부침개 205

 나물 비빔밥 206

 날치알 마요 소스 그린 홍합구이 105

 냉모밀 153

 녹두 빈대떡 184

 누름적 187

다

 단호박 꿀범벅 떡구이 166

 단호박 춘권피컵 카나페 083

 달걀국 045

 달걀말이 나물김밥 204

 닭 봉 간장조림 124

 닭강정 139

 라 라이스페이퍼롤 079

 닭고기 달걀덮밥 023

 라즈베리 크림치즈 타르트 169

 닭고기 우엉밥 032

 마 마늘 달걀볶음밥 022

 닭고기 잣소스 냉채 094

 마늘 버터 소스 왕새우구이 098

 담백한 된장국 051

 마늘종무침과 양파절임 161

 데리야키 장어구이 110

 마른 새우 마늘종볶음 065

 돈가스덮밥 034

 마리네이드 토마토 162

 된장 소스 삼겹살구이 131

 마체도니아 167

 두 가지 브루스케타 084

 망고 드레싱 그린 샐러드 096

 두부조림 067

 매실 소스 산적 샐러드 202

 들깨 닭 칼국수 151

 매운 홍합찜 104

 딸기 밀크 푸딩 168

 매콤 두부덮밥 148

 떡갈비 137

 멸치 호두볶음 066

 떡국 178

 모둠 꼬치구이 082

217

 모시조갯국 049
 비프 나초 085

 무생채 072

사  삼색 나물 182

 묵은 나물 물만두 207
 상그리아 175

 미니 갈릭 스테이크 140
 새우 춘권피 롤튀김 081

 미니 생선가스 볼 118
 샤브샤브 냉채 136

 미트볼 파스타 154
 섭산적 186

바  바지락 강된장 058
 세 가지 묵은 나물 190

 뱅어포구이 075
 세 가지 전 181

 버섯 블루치즈 크림 파스타 156
 송편 193

 베리베리 스무디와 망고라씨 174
 송편 치즈 떡볶이 212

 베이컨 김치볶음밥 033
 쇠고기 뭇국 047

 북어구이 074
 쇠고기 미역국 046

 불고기 129
 쇠고기 볶음우동 152

 비빔소면 150
 쇠고기 장조림 068

 쇠고기 채소 카레덮밥 038

 알밥 027

 쇠고기 채소죽 040

 알탕 055

 쇠고기 파히타 134

 애호박볶음 064

 쇠고기 편육과 콩나물 냉채 138

 약식 196

 수정과 198

 어니언 링 080

 수정과 셔벗 213

 연근튀김을 얹은 쇠고기롤 145

 순두부찌개 053

 연어 새싹채소 초밥 144

 스모크 폭립구이 126

 연어 오이롤 078

 시래기 들깨탕 054

 연어구이덮밥 026

 시저 샐러드 093

 오곡밥 192

 식혜 199

 오곡밥 누룽지 피자 208

 아

 아보카도 마 샐러드 095

 오리엔탈 새우볶음밥 030

 아보카도 크랩롤 146

 오미자 화채 173

 아욱 된장국 050

 오이 미역냉국 052

 오이선 163

 제육덮밥 036

 오이지무침 061

 중화풍 해산물볶음 116

 오징어포무침 060

 지라시 스시 142

 완자전 탕수 203

 지중해식 샐러드 097

 우엉조림 070

차  차돌박이구이와 참나물무침 130

 웨지 감자 164

 참치 다다키 106

 유린기 128

 참치 회덮밥 147

 유자와 요구르트 셔벗 172

 찹스테이크 132

 육개장 056

 찹쌀 탕수육 133

자  잡채 180

 청포묵무침 179

 잡채 김말이튀김 200

 초간단 티라미수 170

 잣죽 042

 취나물밥 029

 전복 스테이크 108

 칠리새우 100

 전복죽 043

카  콩나물국 044

 콩나물밥 028

 해물 솥밥 024

 콩자반 071

 해물 크림 떡볶이 157

 크램 차우더 088

 해물 파전 113

 크림새우 101

 해파리냉채 103

 타  토마토 카프레제 092

 햄버그스테이크덮밥 037

 토마토 해산물 수프 086

 호두 오곡죽 209

 토마토소스 감자 뇨키 158

 호박범벅 090

 통고구마구이 165

 홍합밥 025

 통삼겹살조림 120

 황태 해장국 048

파  파채 매운 깐풍기 122

 흑임자죽 041

 팥조림을 얹은 심플 아이스크림 171

 팥죽 194

 팥죽조림 만두튀김 210

 하  해물 누룽지탕 114

요리 시간순

~20분

가지 들깨무침 062
광어회 카르파치오 102
기본 피클&연근 비트 피클 160
깻잎찜 073
꼬막무침 063
달걀국 045
마늘 달걀볶음밥 022
마른 새우 마늘종볶음 065
마리네이드 토마토 162
멸치 호두볶음 066
모시조갯국 049
무생채 072
뱅어포구이 075
베리베리 스무디와 망고라씨 174
상그리아 175
애호박볶음 064
오미자 화채 173
오징어포무침 060
우엉조림 070
유자와 요구르트 셔벗 172
참치 회덮밥 147
초간단 티라미수 170
토마토 카프레제 092
팥조림을 얹은 심플 아이스크림 171

~30분

갈비찜 케사디야 201
게살 수프 089
고추잡채덮밥 031

골뱅이무침 119
관자구이와 파슬리 오일 112
나물 감자 부침개 205
나물 비빔밥 206
날치알 마요 소스 그린 홍합구이 105
닭고기 달걀덮밥 023
담백한 된장국 051
두부조림 067
딸기 밀크 푸딩 168
마늘종무침과 양파절임 161
망고 드레싱 그린 샐러드 096
매실 소스 산적 샐러드 202
매운 홍합찜 104
모둠 꼬치구이 082
바지락 강된장 058
베이컨 김치볶음밥 033
비빔소면 150
송편 치즈 떡볶이 212
순두부찌개 053
시저 샐러드 093
아보카도 마 샐러드 095
아욱 된장국 050
알밥 027
알탕 055
어니언 링 080
연어 새싹채소 초밥 144
연어 오이롤 078
연어구이덮밥 026
오리엔탈 새우볶음밥 030
오이 미역냉국 052
오이선 163
완자전 탕수 203
웨지 감자 164
잡채 김말이튀김 200
전복 스테이크 108
지중해식 샐러드 097

차돌박이구이와 참나물무침 130
참치 다다키 106
청포묵무침 179
콩나물국 044
콩자반 071
해파리냉채 103
호두 오곡죽 209
황태 해장국 048

~50분

고구마 가래떡 맛탕 211
고등어 무조림 069
냉모밀 153
누름적 187
단호박 꿀범벅 떡구이 166
단호박 춘권피컵 카나페 083
달걀말이 나물김밥 204
닭강정 139
닭고기 우엉밥 032
닭고기 잣소스 냉채 094
돈가스덮밥 034
된장 소스 삼겹살구이 131
들깨 닭 칼국수 151
떡국 178
라이스페이퍼롤 079
라즈베리 크림치즈 타르트 169
마늘 버터 소스 왕새우구이 098
마체도니아 167
매콤 두부덮밥 148
묵은 나물 물만두 207
미니 생선가스 볼 118
버섯 블루치즈 크림 파스타 156
북어구이 074
불고기 129
비프 나초 085

새우 춘권피 롤튀김 081
샤브샤브 냉채 136
섭산적 186
쇠고기 뭇국 047
쇠고기 미역국 046
쇠고기 볶음우동 152
쇠고기 채소죽 040
쇠고기 파히타 134
시래기 들깨탕 054
아보카도 크랩롤 146
연근튀김을 얹은 쇠고기롤 145
오곡밥 누룽지 피자 208
오이지무침 061
유린기 128
잡채 180
잣죽 042
전복죽 043
제육덮밥 036
중화풍 해산물볶음 116
찹스테이크 132
찹쌀 탕수육 133
취나물밥 029
칠리새우 100

콩나물밥 028
크램 차우더 088
크림새우 101
통고구마구이 165
팥죽조림 만두튀김 210
해물 누룽지탕 114
해물 솥밥 024
해물 크림 떡볶이 157
해물 파전 113
홍합밥 025
흑임자죽 041

~1시간

갈비찜 188
녹두 빈대떡 184
닭 봉 간장조림 124
데리야키 장어구이 110
두 가지 브루스케타 084
떡갈비 137
미니 갈릭 스테이크 140
미트볼 파스타 154
삼색 나물 182

세 가지 묵은 나물 190
세 가지 전 181
송편 193
쇠고기 장조림 068
쇠고기 채소 카레덮밥 038
쇠고기 편육과 콩나물 냉채 138
수정과 198
수정과 셔벗 213
스모크 폭립구이 126
식혜 199
약식 196
오곡밥 192
육개장 056
지라시 스시 142
토마토 해산물 수프 086
토마토소스 감자 뇨키 158
통삼겹살조림 120
파채 매운 깐풍기 122
팥죽 194
햄버그스테이크덮밥 037
호박범벅 090

223

참 간단한 밥상

개정 1쇄 | 2023년 3월 22일

지은이 | 조소영

발행인 | 유철상
기획·책임편집 | 조경자
사진 | 김영주
편집 | 홍은선, 정유진, 김정민
디자인 | 노세희, 주인지, 유혜영
교정 | 홍주연, 홍은선
마케팅 | 조종삼, 김소희
콘텐츠 | 강한나

펴낸 곳 | 상상출판
주소 | 서울특별시 성동구 뚝섬로17가길 48, 성수에이원센터 1205호(성수동2가)
구입·내용 문의 | **전화** 02-963-9891(편집), 070-7727-6853(마케팅)
팩스 02-963-9892 **이메일** sangsang9892@gmail.com
등록 | 2009년 9월 22일(제305-2010-02호)
찍은 곳 | 다라니
종이 | ㈜월드페이퍼

※ 가격은 뒤표지에 있습니다.

ISBN 979-11-6782-126-3 (13590)

© 2023 조소영

※ 이 책은 상상출판이 저작권자와의 계약에 따라 발행한 것이므로
   본사의 서면 허락 없이는 어떠한 형태나 수단으로도 이용하지 못합니다.
※ 잘못된 책은 구입하신 곳에서 바꿔 드립니다.
※ 이 책은 〈새댁요리〉의 개정판입니다.

www.esangsang.co.kr